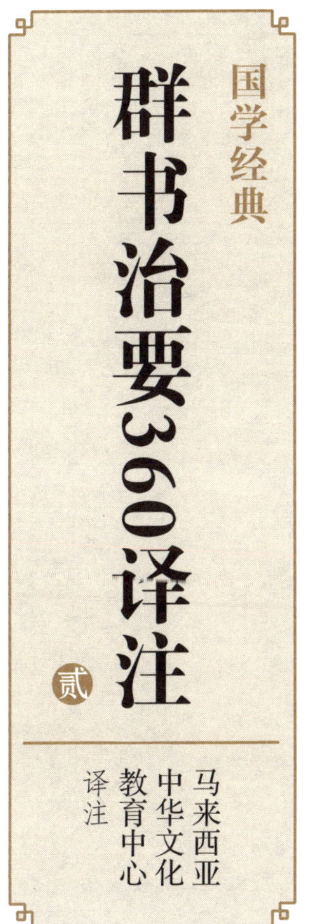

国学经典

群书治要360译注

贰

马来西亚中华文化教育中心 译注

SJPC 上海三联书店

目录

贰　臣术

叁　贵德

肆　为政

伍　敬慎

陆　明辨

《群书治要》简介

《群书治要》是唐太宗李世民（公元五九九年——六四九年）于贞观初年下令编辑。太宗十六岁随父从军，起义平定动乱的社会，戎马倥偬十余年。二十七岁即帝位后，偃武修文，特别留心于治平之道，休生养民。

太宗英武善辩，遗憾早年从军，读书不多。鉴于前隋灭亡之失，深知创业不易，守成维艰，在位期间，鼓励群臣进谏，批评其决策过失。令谏官魏征及虞世南等，整理历代帝王治国资政史料，撷取六经、四史、诸子百家中，有关修身、齐家、治国、平天下之精要，汇编成书。上始五帝，下迄晋代，自一万四千多部、八万九千多卷古籍中，博采典籍六十五种，共五十余万言。

书成，如魏征于序文中所说，实为一部“用之当今，足以鉴览前古；传之来叶，可以贻厥孙谋”的治世宝典。太宗喜其广博而切要，日日手不释卷。曰：“使我稽古临事不惑者，卿等力也。”由是而知，贞观之治的太平盛况，此书贡献大矣！诚为从政者必读之宝典。

然因当时中国雕版印刷尚未发达，此书至宋初已失传，《宋史》亦不见记载。所幸者，日本金泽文库藏有镰仓时代（一一九二——一三三〇年）日本僧人手写《群书治要》的全帙。并于清乾隆六十年，由日人送回中国本土。上海商务印书馆四部丛刊和台湾分别以此版为底本影印出版。二〇一〇年岁末，净空幸得此书，反复翻阅，欢喜无量，深刻体会古圣先贤之文化教育，能为全世界带来永恒之安定和平。最极关键者，即国人本身，必须真正认识传统文化，断疑启信。圣贤传统文化实为一切众生自性流露，超越时空，亘古弥新。学习关键，端在“诚敬”二字。《曲礼》曰：“毋不敬。”前清康熙曰：“临民以主敬为本。”“诚与敬，千古相传之学，不越乎此。”程子曰：“敬胜百邪。”说明修身进德、利世济民，唯“诚敬”二字，方能圆成。若对古圣先王之教育毫无诚敬，纵遍览群籍，亦难获实益。孔子曰“述而不作，信而好古”是也。

过去孙中山先生于三民主义讲演中（民族主义第四讲）曾云：“欧洲的科学发达、物质文明的进步，不过是近来二百多年的事。讲到政治哲学的真谛，欧洲人还要求之于中国。诸君都知道世界上学问最好的是德国，但是现在德国研究学问的人，还要研究中国的哲学，甚至于研究印度的佛理，去补救他们科学之偏。”

英人汤恩比博士更云：“欲解决二十一世纪的社会问题，唯有孔孟学说与大乘佛法。”静观今日世界乱象纷呈，欲救世界、救中国，唯有中国传统文化教育能办到。老祖宗留传至今的治国智慧、理念、方法、经验与成效，均是历经千余年考验所累积的宝藏结晶。《群书治要》至珍至贵！果能深解落实，天下太平，个人幸福，自然可得；背道而行者，则不免自招灾殃，祸患无穷。净空深知今日《群书治要》之重现，实有其神圣使命，欢喜委托世界书局重新影印出版一万套，拟赠两岸三地暨世界各国、各党、各级领导共同学习，则和谐社会、大同之治的世界指日可待。欣见《群书治要》重新出版在即，阎初仁者嘱余为序，谨以此数语，表随喜赞叹之意。

净空

二〇一〇年十二月二十八日于香江

《群书治要 360》序

《群书治要》是中国古圣先王修齐治平之智慧、方法、经验、效果，是为大成，亦是历经千余年考验所积累下来的文化结晶。这部宝典既能帮助唐太宗开创“贞观之治”，并奠定整个大唐三百年盛世的基础，也必能为当今各阶层领导者提供珍贵借鉴。不仅如此，对于不同领域、不同身份的社会大众，此书亦如同智慧源泉般，能使身心安乐、家庭幸福、事业永续。

本中心导师释净空老教授念念不忘中华文化的承传，二〇一〇年底，幸蒙祖宗庇佑，这套宝典最终送到了老教授手中。老人家深知此书是解决当今社会问题的一剂良方，欢喜不已，立即委托世界书局翻印流通。导师在马来西亚拜访纳吉首相与马哈迪前首相时，简略地介绍了《群书治要》的内容，两位长者当时便迫切地表示想看到英文译本。导师由此想到，可从《群书治要》中节录，选成三百六十条，译成白话文并翻译成各国文字，方便大众每天阅读。导师将这个任务交给了本中心，这就是中心编辑《群书治要 360》的缘起。导师预计在若干年间，每年从《群书治要》当中选取三百六十条原文，并译成各种不同国家的文字、语言，在全世界流通。导师认为，这是中国对于整个世界和平做出的最大贡献。

《群书治要》取材于经、史、子，共计六十五部，五十卷。其目录是将《周易》《史记》《六韬》等经史子的书目，逐次排列。本中心编译之《群书治要360》，将整套书概括为六条大纲：君道、臣术、贵德、为政、敬慎、明辨。每条大纲下，又归纳了《群书治要》论述的相关要点作为细目。希望本书的纲目，对于读者领纳《群书治要》全书的精神，亦能有所帮助。

《群书治要360》的编译工作刚开展，随即得到了中国大陆、港台地区及马来西亚本地许多仁人志士的协助，在此一并致上真诚的谢意！

由于中心编译小组的德行、学识有限，本书肯定有许多疏漏之处，敬请诸位仁者不吝赐教指正。衷心祝福大众在古圣先贤智慧的引领下，身心和谐、家庭和乐、事业和顺。并希望本书能帮助社会化解冲突、消弭对立，走向安定、幸福、美满、和平的大同世界。让我们携手并进，共创和谐！

马来西亚中华文化教育中心　谨识

二〇一三年三月三十日

《群书治要 360》说明[①]

一、原文

魏征等唐初大臣辑录《群书治要》（以下简称《治要》）所依据的六十五部原著，均为贞观以前的古籍经典，这些古籍经典在唐之后的千余年，经过官方、学者的多次点校、勘误、整理，故与当今出版的相应典籍存有差异。比如《论语》中，现今众所周知的“三人行，必有我师焉”一句，《治要》辑录的《论语》则是“我三人行，必得我师焉”。这是《治要》值得重视的又一文化价值，它保留了唐初古籍善本的原貌。

《群书治要》一书现存原版，有公元十三世纪日本镰仓幕府第五代将军北条实时（亦称金泽实时）藏于其金泽文库的抄本，简称“金泽文库本”；日本元和二年（公元一六一六年）铜活字印本骏河版，简称“元和本”；日本天明元年（公元一七八一年）起校勘，天明六年（公元一七八六年）告成，重印流通，简称“天明本”；民国年间，商务印书馆曾经在日本天明本的基础上校勘重排出版，简

① 本书以马来西亚中华文化教育中心编译的《群书治要 360》为原本，部分内容有调整、补充。——编者注

称“商务本”。元和、天明本目录中，共计六十五部典籍，而金泽文库本卷四十六另有《时务论》一篇，内容则是元和、天明本卷四十八《体论》的最后两段，故《治要》采纳的典籍实为六十六部。而全书流传至今，已缺卷四《春秋左氏传上》、卷十三《汉书一》、卷二十《汉书八》。本中心选编《群书治要360第二册》时，为弥补此缺憾，故从《治要》相关典籍原文前后，节录了若干精彩片段。

本中心选编《群书治要360》所摘录的三百六十条经句，全部依照《治要》原文，同时抄录其中的小注，并抄录了天明本、页眉处的校勘文字，同时也参考了商务本所作的校勘。

《治要》对六十五种典籍的采录，并非仅以删节处理，而是摘录其要。如对《礼运·大同篇》，《治要》浓缩为：“大道之行也，天下为公。选贤与能。故人不独亲其亲，不独子其子，使老有所终，幼有所长，鳏寡孤独废疾者，皆有所养。是故谋闭而不兴，盗窃乱贼而不作。是谓大同。”若读者欲深入了解这六十五部典籍，还需阅读典籍全文。

二、字体、字形

本书采用简体汉字。我们以中国国家文字工作委员会发布的《文字使用规范条例》《简化字总表》为基准，未尽之处，依照古籍整理通例处理。原本中的混刻字，如已己巳、曰日等，一律改为规范字。全书采用文化部和中国文字改革委员会一九六四年颁布的《印刷通用汉字字型表》规定的新字形。

三、标点

元和本《群书治要》无断句，天明本的断句，全部用“、”作为标志。本书断句以天明本为主要参考，个别地方依照商务本或所引典籍的通行读本进行断句，全书均采用现行标点符号。

四、注释、翻译原则

本书注释力求简而精。若小注对原文字词已有阐释，原则上就不在注释中重复列出。译文则采用直译与意译相结合的方式。译完若觉仍欠圆满，则在译文后稍加发挥，以便读者更好地领纳先贤的精神。

五、排版说明

本书分原文、注释、白话三部分。《治要》原文中的小注，仍以夹注方式呈现；天明本页眉处的校勘文字，现改放入原文中，亦以夹注方式呈现，为示区别，校勘文字用括号加以标明。

马来西亚中华文化教育中心 谨识

二〇一三年三月三十日

壹　君道

一　修身

甲　戒贪

1. 圣人守其所以有，不求其所未得。求其所未得，则所有者亡矣；修其所有，则所欲者至矣。（卷四十一　淮南子）

译文

圣人安守自己所具有的（德），而不追求自己没有的。如果追求自己所没有的，那么已有的（德）也会丧失掉；如果修养自己已有的（德），那么想得到的也会自然地得到。

2. 绝无益之欲，以奉德义之涂[①]；弃不急之务，以修功业之基。其于名行，岂不善哉？（卷二十八　吴志下）

注释

①涂：同“途”，引申指途径，门路。

译文

断绝无益的欲望，来遵循道德仁义之路；放弃无关紧要的事情，来修习建功立业的根基。这对自己的名声与品行，难道不是很有益吗?

3. 福生于无为，而患生于多欲。故知足，然后富从之；德宜君人，然后贵从之。故贵爵而贱德者，虽为天子不贵矣；贪物而不知止者，虽有天下不富矣。（卷八　韩诗外传）

译文

幸福产生于内心知足而无所外求，而忧患产生于人的欲望过多。所以一个人知道满足，然后富裕会随着到来；德行适合领导民众，然后尊贵就会随之而来。所以看重爵位而轻视德行的人，虽然做了天子也并不高贵；贪求财物而不知休止的人，虽然拥有天下也并不富足。

4. 有以欲多亡者，未有以无欲危者也；有以欲

治而乱者，未有以守常[1]失者也。（卷四十一　淮南子）

注释

①常：常规，常道。

译文

有因为欲望太多而灭亡的，没有因为无欲而陷入危险的；有因为想要治理却混乱的，没有因为遵循常道却失败的。

5. 三代[1]之兴，无不抑损情欲；三季[2]之衰，无不肆其侈靡。（卷二十九　晋书上）

注释

①三代：指夏、商、周。

②三季：指夏、商、周三代的末期。

译文

夏、商、周三代之所以兴盛，无不是因为领导者对自己的七情五欲加以节制；三代末期的衰败，无不因肆意奢侈浪费。

6. 日月欲明，浮云盖之；河水欲清，沙石秽[①]之；人性欲平，嗜欲害之。夫纵欲而失性，动未尝正也，以治身则失，以治国则败。（卷四十一　淮南子）

注释

①秽：污染，玷污。

译文

日月本欲明亮，却有浮云遮蔽它；河水本欲清澈，却有沙石污染它；人性本欲宁静，却有嗜欲妨害它。如果放纵欲望而丧失了本性，那么行动就没有正确的时候，以这种心态修身则自身会陷入危殆，以这种心态治国则会使国家衰败。

7. 天下之愚，莫过于斯，知贪前之利，不睹其后之患也。（卷十二　吴越春秋）

译文

天下没有比这更愚蠢的了，只贪图眼前的利益，而看不到身后的祸患。

8. 今人之所以犯囹圄[①]之罪，而陷于刑戮[②]之患者，由嗜欲无厌[③]，不修度量[④]之故也。（卷四十一　淮南子）

注释

①囹圄 língyǔ：监狱。

②刑戮：受刑罚或被处死。

③厌：满足。

④度量：法度。

译文

人们之所以犯监禁之罪，而遭刑罚、杀戮之祸，是因为其嗜欲没有止境（心灵堕落），而不以法度自我要求的缘故。

9. 夫物暴长[①]者必夭折，功卒[②]成者必亟坏。（卷二十二　后汉书二）

注释

①暴长：急遽生长。

②卒：突然。后多作"猝"。

译文

任何东西迅猛生长必然会夭折，功业仓促而成必然会很快衰败。

乙　勤俭

10. 俭，德之恭[①]也；侈，恶之大也。（卷二十九　晋书上）

注释

①恭：通“洪”，大。

译文

节俭是伟大的美德，奢侈是严重的恶行（因为节俭可培养爱敬之心，奢侈则产生很大后患）。

11. 古言非典义，学士不以经心；事非田桑，农夫不以乱业；器非时用，工人不以措手；物非世资，商贾不以适市。士思其训，农思其务，工思其用，贾思其常。是以上用足而下不匮。（卷四十九　傅子）

译文

古时，言谈不符合经典义理的，学士不会留心；不是耕田养蚕之事，农夫不因之而扰乱本业；器具不适宜当时使用的，工人就不动手去做它；物品不是社会需要的，商人不把它运到市场。士人想着圣贤的训诲，农民想着务农，工人想着器物的实用，商人想着经营常用的物品。因此，在上者用度充足，百姓的需要也不缺乏。

丙　惩忿

12. 损。君子以惩忿窒欲。可损之善，莫善损忿欲。（卷一　周易）

译文

君子看到损卦，就知道应当善于掌控自己的愤怒，克制自己的欲望。

13. 秦始皇之无道，岂不甚哉？视杀人如杀狗彘[①]。狗彘，仁人用之犹有节。始皇之杀人，触情[②]而已，其不以道如是。而李斯又深刑[③]峻法，随其指而妄杀人。秦不二世而灭，李斯无遗类[④]。（卷四十九　傅子）

注释

①彘 zhì：猪。

②触情：触发情绪。

③深刑：严刑。

④遗类：指残存者。

译文

秦始皇残暴无道，岂不是太严重了吗？看待杀人如同杀猪狗。猪狗，仁人使用它们尚且有节制。始皇杀人，只是因触怒了自己而已，他不按道义行事达到了如此程度。李斯又进一步施行严刑峻法，按自己意图胡乱杀人。结果秦朝不满两代就亡国，李斯也全族绝灭。

丁　迁善

14. 子曰："见贤思齐焉，见不贤而内自省也。"（卷九　论语）

译文

孔子说："看见贤人，便应当想着向他看齐；看见不贤的人，便应当自我反省（是否有和他类似的情形）。"

15. 太上乐善，其次安之，其下亦能自强也。（卷三十五　曾子）

译文

人最高的境界是乐于为善，其次是习惯为善，其下是能够勉励自己努力为善。

戊　改过

16. 益。君子以见善则迁，有过则改矣。从善改过，益莫大焉。（卷一　周易）

译文

君子看到益卦，就知道见到别人的善言善行就应该努力效仿，有过错就要立即改正。

17. 人谁无过？过而能改，善莫大焉。（卷五　春秋左氏传中）

译文

哪个人没有犯过错误？犯了过错能改正，没有比这更大的善行了。

18. 太上不生恶，其次生而能夙绝之，其下复而能改。（卷三十五　曾子）

译文

人最高的境界是没有恶念，其次是有了过错能早早地断绝，其下是错误复犯后终能改过。

19. 子曰："君子不重则不威，学则不固。主忠信，无友不如己者。过则勿惮改。"主，亲也。惮，难也。（卷九　论语）

译文

孔子说："君子内心和外表不庄重，便没有威仪，学问就不稳固。亲近忠信之人（以他们为师），不和与自己志不同道不合的人交朋友。有了过失，不要怕改正。"

二　敦亲

20. 刑[①]于寡妻[②]，至于兄弟，以御[③]于家邦。刑，法也。寡妻，寡有之妻，言贤也。御，治也。文王以礼法接待其妻，至于其宗族，以此又能为政，治于家邦。（卷三　毛诗）

注释

①刑：法。指以礼法相待（依郑玄笺注）。

②寡妻：嫡妻。

③御：治理。

译文

修养德行首先给自己的妻子做个好榜样，处处以礼法相待，由此扩展到作为兄弟们的表率，进而就可以用来治理一家一国了。

21. 君之于世子也，亲则父也，尊则君也。有父之亲，有君之尊，然后兼天下而有之。（卷七　礼记）

译文

君王对于世子，从亲疏关系而言是父亲，从尊卑关系而言则为君王。君王对于全国民众既具有父亲的亲爱，又具有君王的尊严，然后才能君临天下，拥有百姓。

22.《传》曰："周之同盟[①]，异姓为后。"诚骨肉之恩，爽[②]而不离。亲亲[③]之义，寔[④]在敦固。未有义而后其君，仁而遗其亲者也。（卷二十六　魏志下）

注释

①同盟：《左传·隐公十一年》及《三国志·陈思王植传》通行本均作"宗盟"。宗盟，指天子与诸侯的盟会。

②爽：差失；不合。

③亲亲：亲爱亲属。

④寔：同"实"，确实，实在。

译文

《左传》上说："周朝天子与诸侯盟会，异姓诸侯排列在后。"实在是因为骨肉之间恩情深厚，即使有过失也不会离弃。亲爱亲属的道理，确实应当敦厚坚贞。未曾有忠义的臣子会怠慢君主，也未曾有仁德之人会遗弃自己的亲人。

23. 君子笃于亲，则民兴于仁；故旧不遗，则民不偷[1]。兴，起也。能厚于亲属，不遗忘其故旧，行之美者也，则皆化之，起为仁厚之行，不偷薄。（卷九　论语）

注释

①偷：浇薄；不厚道。

译文

在位的君子，若能厚待他的父母兄弟，民众就会兴起仁爱之风；不遗弃他的旧友故交，民众就不会对人冷淡无情。

三　反身

24. 孔子曰："人能弘道，非道弘人也。"故治乱废兴在于己，非天降命不可得反也。（卷十七　汉书五）

译文

孔子说："人能光大道义，不是道义去光大人。"所以国家的安定与动乱、兴盛与衰亡，都决定于君主自己，而并非天命不可挽回。

25. 子路问君子。子曰："修己以敬。"敬其身也。曰："如斯而已乎？"曰："修己以安百姓。修己以安百姓，尧、舜其犹病[①]诸[②]！"病，犹难也。（卷九　论语）

注释

①病：难，不易。

②诸："之乎"二字的合音字。

译文

子路问怎样才算君子。孔子说："以敬来修治自己，使身心言语统归于敬，处处合礼，这就可以算是君子了。"子路又问："这样就够了吗？"孔子说："修治自己来让百姓得到安乐。修治自己进而令百姓得以安乐，这件事就是连尧、舜那样的圣君，恐怕也难做得周到呀！"

26. 主者国之心也，心治[①]则百节[②]皆安，心扰则百节皆乱。治，犹理也。节，犹事也。以体喻也。（卷四十一　淮南子）

注释

①治：指心绪安宁平静。

②节：骨节。人身骨骼联接的部分。

译文

君主好比是国家的心脏，心安则全身都会安定，心乱则全身都会紊乱。

27. 故天下不正，修之国家；国家不正，修之朝廷；朝廷不正，修之左右；左右不正，修之身；身不正，

修之心。所修弥[①]近，而所济弥远。禹[②]、汤[③]罪[④]己，其兴也勃焉，正心之谓也。（卷四十九　傅子）

注释

①弥：更加，愈发。

②禹：姒姓，名文命，鲧之子。又称大禹、夏禹、戎禹。后被选为舜的继承人，舜死后即位，建立夏代。

③汤：契的后代，子姓，名履，又称天乙。商开国之君。

④罪：归罪于。

译文

所以，天下不正就要整治国家，国家不正就要整治朝廷，朝廷不正就要整治身边的臣子，臣子不正就要加强自身的智慧德能，自身不正就首先要调整自己的思想。所整治的愈切近，所成就的愈远大。夏禹、商汤常常检讨自己的错误，国家的兴盛就很快，这是调整自己思想的结果。

28. 唯不推心[①]以况[②]人，故视用人如用草芥视用人作用是人。使用人如用己，恶[③]有不得其性者乎？古之达[④]治者，知心为万事主，动而无节则乱，故先正其心。其心正于内，而后动静不妄，以率先天下，

而后天下履正[5]，而咸保其性也。斯远乎哉？求之心而已矣！（卷四十九　傅子）

注释

①推心：以诚相待。

②况：比，引申为推及、推测。

③恶 wū：相当于“何”、“怎么”。

④达：通晓；明白。

⑤履正：躬行正道。

译文

正是没有推己及人去体谅他人，所以用人如用草芥。如果任用别人就像任用自己（如此感同身受），怎么会不了解人民的性情（顺应民心而治）呢？古代能通达治国之道者，明白心是万事的主宰，行为无节制，就会使国家动乱，所以首先端正自己的思想心态。假如思想心态端正，无论动还是静，都不会胡作非为，自己做天下人的表率，天下人就会践行正道，从而皆能保有其良善的本性。这些要求遥远吗？不过是求之于自心而已呀！

29. 故上老老[1]而民兴孝，上长长而民兴悌，上恤孤而民不背。所恶于上，无以使下；所恶于下，

毋以事上。（卷七　礼记）

注释

①老老：以敬老之道侍奉老人。

译文

所以在上位的人能尊敬老年人，那么百姓的孝敬之风就能兴起；在上位的人能敬事长者，那么百姓的爱敬之风就能兴起；在上位的人能体恤孤苦无依的人，那么百姓之间就不会相互背弃。不喜欢上司对自己的一些做法，就不要这样去对待下属；不喜欢下属的一些行为表现，自己就不要以同样的方式来对待上级。

30. 尧舜率天下以仁，而民从之；桀纣率天下以暴，而民从之。（卷七　礼记）

译文

尧王、舜王以“仁”领导天下，百姓就跟着他行仁；夏桀、商纣以暴戾横行天下，百姓就跟着他做坏事。

31. 夫上之所为，民之归[①]也。上所不为，而民

或为之，是以加刑罚焉，而莫敢不惩。若上之所为，而民亦为之，乃其所也，又可禁乎？（卷五　春秋左氏传中）

注释

①归：趋向，归附。

译文

上位者的所作所为，百姓会趋向效法。上位者所不做的事，而百姓有人做了，因此加以惩罚处分，就没有谁还敢不加以警戒。若上位者所做的，百姓也有人做了，这乃是势所必然的，又怎能禁止得了呢？

32. 孔子曰："人而不仁，疾之以甚，乱也。"故民乱反之政，政乱反之身。身正而天下定。是以君子嘉善[①]而矜不能，恩及刑人，德润穷夫[②]。施惠悦尔，行刑不乐也。（卷四十二　盐铁论）

注释

①嘉善：赞美善人。

②穷夫：鄙贱之人。

译文

孔子说："对待不仁的人，憎恶得太过分，那就必然立即作乱了。"因此，下民乱了，要从朝政上反省原因；朝政乱了，要从执政者自身反省原因。自身思想观念、行动举措都正确了，天下自然安定。所以，君子能够赞美善良的人，又能够同情那些不能为善的人，对受刑的人给予恩惠，对鄙贱之人也施与恩德。在施与恩惠时内心满怀喜悦，而在不得已需要执行刑罚时就会感到难过。

33. 是以天万物之覆①，君万物之焘②也。怀生③之类，有不浸润于泽者，天以为负；员首④之民，有不沾濡⑤于惠者，君以为耻。（卷四十七　政要论）

注释

①覆：保护；庇护。

②焘 dào：覆盖，引申为庇荫。

③怀生：指有生命之物。

④员首：指百姓。

⑤沾濡：浸湿。指蒙受恩泽。

译文

因此，上天是万物的庇护者，君主是万物的保护者。凡是生灵，只要有一个没有得到滋润，上天就会觉得有所亏欠；百姓之中，只要有一人没有得到君王的恩惠，君主就会觉得这是耻辱。

34.《象》曰：“山上有水，蹇[①]。君子以反身[②]修德。”除难莫若反身修德也。《彖》曰：“蹇，难也，险在前也。见险而能止，智矣哉！”（卷一　周易）

注释

①蹇 jiǎn：跛行艰难。

②反身：反求自身。

译文

《象传》说：“山上流水跌宕曲折而下，行动艰难，这是蹇卦的象征。君子看到此卦，就想到在困难之时应该反省自身，修养自身德行。”《彖传》说：“蹇卦，象征着艰难，就是前面有危险的意思。看到险情能够停止，这是明智之举啊！”

35. 修己而不责人，则免于难。（卷四　春秋左氏传上）

译文

修养自己的德行，而不去责难别人，就会免于遭受祸难。

四 尊贤

36. 仁人也者，国之宝也；智士也者，国之器也；博通[①]之士也者，国之尊也。故国有仁人，则群臣不争；国有智士，则无四邻诸侯之患；国有博通之士，则人主尊。（卷四十二 新序）

注释

①博通：广泛地通晓；了解各种事理与知识。

译文

有仁德的人是国家的珍宝；有才智的人是国家的重器；博通的人是国家所尊贵的。因此，国中有仁者，那么群臣就不会争权夺利；国家有智士，那么国家就没有四邻诸侯侵扰的担忧；国家有博通的人，那么国君就会受到尊崇。

37. 尊圣者王；贵贤者霸；敬贤者存；嫚[①]贤者亡。古今一也。（卷三十八 孙卿子）

注释

①嫚：亵渎，轻侮。

译文

尊重圣人的君主会称王于天下；重视贤人的君主会称霸于诸侯；恭敬贤人的君主，国家会存在；怠慢贤人的君主，国家就会灭亡。从古到今都是一样。

38. 夫善人在上，则国无幸民。谚曰："民之多幸，国之不幸。"是无善人之谓也！（卷五　春秋左氏传中）

译文

有德行的人处于上位，国中就没有心存侥幸的人。俗话说："如果百姓多存侥幸心理，那将是国家之不幸。"说的就是没有有德之人在上位执政啊！

39. 无善人则国从之。从，亡也。《诗》曰："人之云[①]亡，邦国殄瘁[②]。"无善人之谓也。故《夏书》曰："与其杀不辜，宁失不经[③]。"惧失善也。逸书也。不经，不用常法。（卷五　春秋左氏传中）

注释

①云：句中助词，无义。

②殄瘁：同义词连用，指困穷，困苦。

③经：常法。

译文

没有贤人，国家就会随之衰败。《诗经》说："贤人不在了，国家就遭祸殃。"这是由于失去贤人的缘故。所以《夏书》说："与其错杀无辜，宁可失之于不用常法。"就是害怕失去贤人。

40. 故王者劳于求贤，逸于得人。舜举众贤在位，垂衣裳，恭己无为，而天下治。（卷四十二　新序）

译文

当君主的人寻求贤才是辛劳的，得到了贤才就轻松了。大舜举用了很多贤能的人，使他们各得其位，自己垂衣正身，恭谨律己，凡事不用亲为，就使得天下太平。

41. 古者明王之求贤也，不避远近，不论贵贱，卑爵以下贤[1]，轻身[2]以先士。（卷三十六　尸子）

注释

①下贤：屈己以尊贤。

②轻身：谦卑降低身份，不自恃。

译文

古代明智的君王为国家寻求贤良人才，不论关系亲疏，不管地位尊卑，都会放下自己的爵位来迎接贤良人才，降低自己的身份来善待有德士人。

42. 今君之位尊矣，待天下之贤士，勿臣而友之，则君以得天下矣。（卷三十一　六韬）

译文

如今君主的地位尊崇，若对待天下的贤士，不把他们当作臣下，而以朋友相待，那么君主就可以得到天下了。

43. 周公摄[①]天子位七年，布衣[②]之士，执贽[③]而所师见者十人，所友见者十二人，穷巷白屋[④]所先见者四十九人，进善者百人，教士者千人，官[⑤]朝[⑥]者万人。当此之时，诚使[⑦]周公骄而且吝，则天下贤士

至者寡矣。（卷四十三　说苑）

注释

①摄：代理。

②布衣：借指平民。古代平民不能衣锦绣，故称。

③贽：初次见人时所执的礼物。古代礼制，谒见人时携礼物相赠。

④穷巷白屋：穷巷，冷僻简陋的小巷。白屋，指平民或寒士的住所。

⑤官：授给某人官职；使为官。

⑥朝：拜访。

⑦诚使：假使。

译文

周公代理天子执政七年（非常礼贤下士，同时不吝分享智慧经验及培养人才），未做官的读书人中，他带着礼物以尊师之礼拜见的有十人，以朋友之礼会见的有十二人，优先接见的穷巷陋屋中的贫寒之士有四十九人，随时向自己提供善言的有上百人，受到他教导的读书人有上千人，被选拔在官府朝廷服务的有上万人。在那时，假使周公对人骄傲而且吝啬，那么天下的贤士来见他的就很少了。

五　纳谏

44. 为人君之务，在于决壅[1]；决壅之务，在于进下；进下之道，在于博听；博听之义，无贵贱同异，隶竖牧圉[2]，皆得达焉。（卷四十七　政要论）

注释

①决壅：消除壅蔽。

②隶竖牧圉：指奴役、童仆、放牧、养马的人。

译文

做君主的关键，在于能够去除蒙蔽；去除蒙蔽的关键，在于能够让下属进谏；让下属进谏的方法，在于广泛地听取各种意见；广泛地听取意见，就是要能够做到无视下属的高低贵贱，即使是奴役、童仆、放牧、养马的人，也要能够让他们的意见传达进来。

45. 欲知平直，则必准绳[1]；欲知方圆，则必规矩[2]；人主欲自知，则必直士。唯直士能正言。（卷

三十九　吕氏春秋）

注释

①准绳：测定物体平直的器具。准，测平面的水平器。绳，量直度的墨线。

②规矩：规和矩。校正圆形和方形的两种工具。

译文

想要知道物体是否平直，就一定要依靠水平器和墨绳；想知道是否方圆，就一定要依靠圆规和矩尺；君主想知道自己的过失，就一定要依靠直言之士。

46. 古之贤君，乐闻其过，故直言得至，以补其阙[①]。（卷四十九　傅子）

注释

①阙：疏漏。

译文

古代的贤明君主，乐于听人指出自己的过失，所以能听到正直的话，藉以补救缺点。

47. 明君莅众[①]，务下之言，以昭外也；敬纳卑贱，以诱贤也。其无拒言，未必言者之尽用也，乃惧拒无用而让[②]有用也。（卷四十四　潜夫论）

注释

①莅众：治理百姓。

②让：通“攘”，排斥。

译文

贤明的君主治理百姓，务求臣下之言，来昭示于朝廷外；恭敬地接纳卑贱之人，来吸引贤士。君主不拒绝进言，未必所有的进言都采用，只是担心拒绝无用的意见而会使有用的意见受到排斥。

48. 仁君广山薮[①]之大，纳切直[②]之谋。（卷二十二　后汉书二）

注释

①山薮 sǒu：山林与湖泽。

②切直：恳切率直。

译文

仁德的君主有着像高山、湖泽那样大的胸怀，可以接纳恳切率直的谋略。

49. 今群臣皆以邕为戒，上畏不测之难，下惧剑客之害，臣知朝廷不复得闻忠言矣。夫立言无显过之咎[①]，明镜无见玼[②]之尤[③]。如恶[④]立言以记过，则不当学也。不欲明镜之见玼，则不当照也。愿陛下详思臣言，不以记过见玼为责。（卷二十四　后汉书四）

注释

①咎：罪过，过失。

②见玼：显露瑕疵。见，同“现”，显现、显露。玼，玉的斑点，引申为缺点、毛病。

③尤：过失，罪愆。

④恶 wù：讨厌，憎恨。

译文

今天群臣都以蔡邕的下场为鉴戒，上怕受到难以预料的灾难，下怕有刺客来行刺，臣知道朝廷不会再听到忠言了。发表言论不该因揭露过错而被责处，明镜不该因照出污点而被怨尤。如果讨厌设立吏官秉笔直书记录君王过失，那就不该学习古人（设立史官）了。如果不想被镜子照出污点，就不该去照了。希望陛下仔细考虑臣说的话，不因为揭露过错和反映污点而责备大臣。

50. 能容直臣，则上之失不害于下，而民之所患上闻矣。（卷四十九　傅子）

译文

能容纳正直的臣子，则君主有失误也不会贻害百姓，而百姓的忧患君主也能听到。

51. 君明则臣直。古之圣王，恐不闻其过，故有敢谏之鼓[①]。（卷二十六　魏志下）

注释

①敢谏之鼓：即谏鼓，相传尧曾在朝廷设鼓供进谏敲击以闻。

译文

君主圣明臣下就正直。古代圣明的君王唯恐听不到自己的过错，因此在朝廷设立了谏鼓，以供进谏者敲击。

52. 尧舜之世，谏鼓谤木[①]，立之于朝，殷周哲王，小人[②]怨詈[③]，则洗目改听，所以达聪明[④]，开不讳[⑤]，博采负薪[⑥]，尽极下情也。（卷二十三　后汉书三）

注释

①谤木：相传尧舜时于交通要道竖立木柱，让人在上面写谏言，称“谤木”。

②小人：平民百姓。

③怨詈 lì：怨恨咒骂。詈，咒骂。

④聪明：指明察事理。

⑤不讳：不隐讳。

⑥负薪：指地位低微的人。

译文

尧舜的时候，在朝堂设敢谏之鼓，正诽谤之木，殷周二朝的圣王，对待百姓的怨骂，总是洗耳恭听，真诚接受，所以才能够明察事理，让别人直言不讳，广泛听取普通百姓的意见，全面细致地了解民情。

53. 禹之治天下也，以五声听。门悬钟鼓铎[①]磬[②]，而置鞀[③]，以待四海之士，为铭[④]于笋簴[⑤]曰：“教寡人以道者击鼓；教寡人以义者击钟；教寡人以事者振[⑥]铎；

告寡人以忧者击磬；语寡人以讼狱者挥鼗。”此之谓五声。是以禹尝据一馈而七起，日中而不暇饱食。曰：“吾不恐四海之士留于道路，吾恐其留吾门廷[7]也！”是以四海之士皆至，是以禹朝廷间，可以罗雀[8]者。（卷三十一　鬻子）

注释

①铎 duó：古代乐器，大铃的一种。古代宣布政教法令或遇战事时用之。青铜制品，形如钮而有舌。其舌有木制和金属制两种，故又有木铎和金铎之分。

②磬：古代打击乐器，状如曲尺。用玉、石或金属制成。

③鼗 táo：有柄的小鼓。

④铭：刻写在器物上的文辞。

⑤笋簴 sǔnjù：即“笋虡”。古代悬挂钟磬的架子。横架为笋，直架为虡。

⑥振：挥动，摇动。

⑦门廷：宫门、朝门外的地方。

⑧罗雀：形容门庭寂静或冷落。

译文

禹王通过聆听五种声音来治理天下。朝堂门上悬挂着钟、鼓、铎和磬，旁边摆放着鼗，以此接待天下士人，并在悬挂钟磬的木架上刻着铭文，说：“以道教导我的请击鼓；以义教导我的请敲钟；教导我如何处理国家大事的请摇铎；告知我国家忧患的请击磬；告诉我诉讼之事的请摇鼗。”这就是所谓的五声。因此，禹王曾经在吃一顿饭的期间七次起身处理政务，一直忙到正午都没有时间吃饱饭。禹王说：“我不怕天下的士人停留在路上，我担心他们滞留在我的门庭啊！”因此天下士人纷纷到来，也因此，禹的朝廷很清静。

54. 昔高祖[①]纳善若不及，从谏若转圜[②]。（卷十九　汉书七）

注释

①高祖：指西汉高祖刘邦。

②圜 yuán：同“圆”。

译文

当年汉高祖采纳善言唯恐来不及，听从谏言就好似转动圆形之物那样顺畅迅速。

55. 通直言之涂，引而致之，非为名也，以为直言不闻，则己之耳目塞。耳目塞于内，谀者顺之于外，

此三季[①]所以至亡，而不自知也。（卷四十九　傅子）

注释

①三季：指夏、商、周三代的末期。

译文

敞开直言之路，招引获得谏言，不是为取得好名声，而是认为听不到正直的言论，自己就会耳目闭塞。自己耳目闭塞，阿谀的人又凡事顺从自己，这就是夏、商、周三代末年的君主灭亡的原因，而他们自己却不知道。

56. 扁鹊不能治不受铖药[①]之疾，贤圣不能正不食（食疑受）善言（善言作谏诤）之君。故桀有关龙逢[②]而夏亡；纣有三仁[③]而商灭。故不患无夷吾[④]由余[⑤]之论（论作伦），患无桓、穆之听耳。（卷四十二　盐铁论）

注释

①铖药：针灸、药物。铖，同“针”。

②关龙逢 páng：桀的臣子。桀作酒池塘丘，为长夜饮。龙逢力谏被杀。

③三仁：指微子、箕子、比干三人。

④夷吾：即管仲。

⑤由余：一作繇余，春秋时天水人。为秦穆公出谋划策，使秦位列春秋五霸。

译文

扁鹊不能医治不接受针灸和药物的疾病，贤人和圣人也不能纠正不接受劝谏的国君。因此，夏桀虽有关龙逄，夏朝还是灭亡了；殷纣虽有微子、箕子、比干三位仁人，但商朝还是灭亡了。可见不用担心臣子没有像管仲、由余那样好的见解，就怕国君不能像齐桓公、秦穆公那样愿意听取谏言。

六　杜谗邪

57. 是故为人君者，所与游[①]必择正人，所观览必察正象，放郑声[②]而弗听，远佞人[③]而弗近，然后邪心不生，而正道可弘也。（卷二十五　魏志上）

注释

①游：交游；结交。

②郑声：原指春秋战国时郑国的音乐。郑国的音乐多为靡靡之音。故称放荡不雅正的音乐为“郑声”。

③佞人：善于花言巧语、阿谀奉承的人。

译文

所以说，做君主者，他所交往的一定要挑选正派的人，所观看的一定要选择纯正的景象，抛开庸俗的音乐而不听，疏远谄媚的人而不接近，这样才能使邪恶之心不生，而正道也可以得到弘扬了。

58. 或问：“天子守在四夷[①]，有诸？”曰：“此外守也，天子之内守在身。”曰：“何谓也？”曰：“至尊者，其攻之者众焉，故便僻[②]御侍[③]，攻人主而夺其财；近幸妻妾，攻人主而夺其宠；逸游伎艺，攻人主而夺其志；左右小臣，攻人主而夺其行；不令之臣，攻人主而夺其事。是谓内寇。”（卷四十六　申鉴）

注释

①四夷：古代华夏族对四方少数民族的统称，指东夷、西戎、南蛮、北狄。

②便僻 piánpì：指君主左右受宠幸的小臣。

③御侍：帝王侍从。

译文

有人问：“天子的守卫在于防御四方夷狄的入侵，是吗？”答：“这只是对外的防御，天子对内的防御在于自身。”问：“此话怎讲？”答：“处于至高无上地位的人，‘进攻’他的人很多。逢迎谄媚的侍从攻人主之心，而竞相取得其财利；人主亲近的妻妾嫔妃攻人主之心，而争夺其宠爱；放纵游乐的歌伎艺人攻人主之心，使其玩物丧志；人主左右的小臣攻人主之心，使其品行不端；心怀不善之臣攻人主之心，使其贻误大事。这些可说是内部的盗寇。”

59. 奸臣因以似象之言而为之容说[①]，人主不能别也，是而悦之，惑乱其心，举动日缪[②]，而常自以为得道，此有国之常患也。夫佞邪之言，柔顺而有文；忠正之言，简直而多逆。（卷五十　袁子正书）

注释

①容说：曲意逢迎，以取悦于上。说，同“悦”。

②缪 miù：错误；乖误。

译文

奸臣用看似有道理的话谄媚君主，君主不能辨别，认为正确而心生欢喜，混乱了自己的思想观念，行为日益荒谬，却常常认为自己做得合乎道义，这是国家常有的问题。那些奸佞邪恶的言语，顺着君主的心意而有文采；忠诚正直的话，简朴直接而大多逆耳。

60. 谄媚小人，欢笑以赞善；面从[①]之徒，拊节[②]以称功。益[③]使惑者不觉其非，自谓有端晏[④]之捷、过人之辨而不寤[⑤]，斯乃招患之旌。（卷五十　抱朴子）

注释

①面从：谓当面顺从。

②拊节 fǔ：即击节，形容十分赞赏。拊，拍；击。节，古乐器中摈制节拍的器具，用竹编成，击之成声。

③益：更加。

④端晏：指子贡和晏子。

⑤寤：通“悟”，觉悟，认识到。

译文

谄媚的小人，总是笑着称赞叫好；当面奉承的人，总是击节称赞功德。更使迷惑的人觉察不出他的错误，自以为有子贡、晏子一样的才智，和超越常人的辩才，而不能醒悟，这些正是招致祸患的旗帜。

61. 昔李斯教秦二世曰：“为人主而不恣睢[1]，命之曰天下桎梏[2]。”二世用之，秦国以覆，斯亦灭族。（卷二十六　魏志下）

注释

①恣睢：放纵暴戾。

②桎梏 zhìgù：古代用来拘系犯人手脚的刑具，在手上戴的为梏，在脚上戴的为桎，类似于近世的脚镣手铐。

译文

从前李斯告诉秦二世说："当了君主若不能放任自己、无拘无束，这就叫作把天下变成束缚自己的脚镣手铐。"秦二世采用了他的话，秦国因此而灭亡，李斯也被灭族。

62. 用贤人而行善政，如或谮[①]之，则贤人退而善政还[②]。（卷十五　汉书三）

注释

①谮 zèn：谗毁；诬陷。

②还：罢歇；止息。

译文

任用贤德的人施行清明的政治，如果有人进谗言毁谤他，那么贤人就会离去，而善政也就废止了。

七 审断

63. 天下之国，莫不皆有忠臣谋士也，或丧师败军，危身亡国者，诚在人主之听，不精不审。（卷四十八 时务论）

译文

天下所有的国家都是有忠臣和谋士的，有的损失军队、战争失败，危及于身、国家灭亡，实在是因为君主听到各项建议后不严加判断、不详细考究。

64. 夫谗人似实，巧言如簧[①]，使听之者惑，视之者昏。夫吉凶之效，在乎识善；成败之机，在于察言。（卷二十四 后汉书四）

注释

①巧言如簧：形容人言辞巧妙动听，犹如笙中之簧。簧，笙、竽、管等乐器中振动发声的薄片，用竹、金属或其他材料制成。

译文

谗奸之人看似诚实，花言巧语好像笙簧，让听到的人迷惑，让看到的人昏聩。吉和凶的效应，就在于能认清善事；成或败的关键，就在于审察言论。

65. 凡有血气[①]，苟不相顺，皆有争心。隐而难分，微而害深者，莫甚于言矣。君人[②]者将和众[③]定民，而殊其善恶，以通天下之志者也，闻言不可不审也。（卷四十九　傅子）

注释

①血气：血液和气息。

②君人：为人君主；治理人民。

③和众：使百姓和顺。

译文

大凡有血气的万物，如果彼此不和顺，都会有竞争之心。人们交往中隐讳而难以分辨、细小却有大害的，莫过于言语。做君主的要协调众人、安定百姓、分别善恶以通达天下人的心志，对听到的话就不能不加以详察。

66. 不用之法，圣主不行；不验[1]之言，明主不听也。（卷四十一　淮南子）

注释

①不验：不切实际；没有效验。

译文

不合时宜的法度，圣明的君王不会施行；不切实际的言论，贤明的君王不会听信。

67. 主察异言，乃睹其萌；主聘儒贤，奸雄乃遁[1]；主任旧齿[2]，万事乃理；主聘岩穴，士乃得实。故传说陟而殷道兴，四皓至而汉祚长，得治之实也。（卷四十　三略）

注释

①遁：逃亡；逃跑。

②旧齿：年高望重者；老臣，旧臣。

译文

君主能明察反常的言论，才能看到祸乱的萌芽。君主能聘任贤能的儒士，奸雄就会逃亡；君主信任久经考验的老臣，万事才能治理得好；君主访求不求名利的隐士，他们就会发挥出实际的才干。

68. 齐侯问于晏子曰："为政何患？"对："患善恶之不分。"公曰："何以察之？"对曰："审择左右，左右善，则百僚[①]各获其所宜，而善恶分矣。"孔子闻之曰："此言信矣。善进则不善无由入矣，不善进则善亦无由入矣。"（卷四十三　说苑）

注释

①百僚：百官。

译文

齐侯向晏子问道："执政担心什么？"晏子回答说："担心好人、坏人分不清。"齐侯说："怎么样来考察他们呢？"晏子回答说："审慎地选择左右亲信，如果左右亲信好，那么百官就会各自得到其所适合的位置，这样好人、坏人也就能辨别清楚了。"孔子听后说："这话确实如此。贤善之人得到进用，那么不善之人就没有办法进来；如果不善之人得到进用，那么贤善之人也就没有办法进来了。"

69. 众人之唯唯，不若直士之愕愕①。（卷八　韩诗外传）

注释

①愕愕：直言无讳的样子。

译文

许多人的唯唯诺诺，不如一位士人的直言谏诤。

70. 人主莫不欲得贤而用之，而所用者不免于不肖；莫不欲得奸而除之，而所除者不免于罚贤。若是者，赏罚之不当，任使之所由也。人主之所赏，非谓其不可赏也，必以为当矣；人主之所罪，非以为不可罚也，必以为信①矣。智不能见是非之理，明不能察浸润②之言，所任者不必智，所用者不必忠，故有赏贤罚暴之名，而有戮能养奸之实，此天下之大患也。（卷五十　袁子正书）

注释

①信：果真；确实。

②浸润：逐渐渗透。引申为积久而发生作用。

译文

君主无不想得到贤才并任用他们，但所任用的人中总是难免有不贤的人；君主无不想抓住奸人而铲除他们，但被铲除的人中总是难免有贤能的人。像这种情况出现，是因为赏罚失当、委任官员不妥造成的。君主所奖赏的，并不是明知道这个人不应该奖赏而偏要奖赏他，一定自以为奖赏得十分恰当；君主所惩罚的，并不是明知道这个人不该惩罚却偏要惩罚他，一定是认为惩罚得恰到好处。问题在于君主的智慧不能分辨是非曲直，其贤明的程度还不能够识别渐渐渗透的谗言，所任用的人就未必聪明，所信赖的人也未必忠诚，所以虽然名义上是赏赐贤能而惩罚暴徒，实际上却往往惩罚了贤者而姑息了奸人，这是天下的大患啊！

贰 臣术

一 立节

71. 良将不怯死以苟免[1]，烈士[2]不毁节以求生。（卷二十五 魏志上）

注释

①苟免：苟且免于损害。

②烈士：有节气、有壮志的人。

译文

良将不会因畏惧死亡而苟且偷生，有气节、有壮志的人不会毁弃节操以求活命。

72. 子罕[1]曰："我以'不贪'为宝，尔以玉为宝。若以与我，皆丧宝也，不若人有其宝。"（卷五 春秋左氏传中）

注释

①子罕：乐喜，子姓，乐氏，字子罕，是春秋时期宋

国正卿，于宋平公时任司城，故又称司城子罕。

译文

子罕说："我把'不贪'看作宝物，你把玉石看作宝物。如果你把玉石送给我，我们两人就都丧失了宝物，倒不如各人保有自己的宝物。"

73. 故旧[①]长者[②]，或欲令为开产业。震曰："使后世称为清白吏子孙，以此遗之，不亦厚乎？"（卷二十三　后汉书三）

注释

①故旧：旧交、旧友。

②长者：年纪大或辈分高的人。

译文

旧友和长辈中有人劝杨震为子孙置办一些私人财产。杨震说："让后世人称他们为清白官吏的子孙，把这个留给他们，不是很丰厚吗？"

74. 亮自表[①]后主曰："成都有桑八百株，薄田[②]

十五顷，子弟衣食自有余饶。至于臣在外任，无别调度[3]，随身衣食，悉仰于官。若死之日，不使内有余帛、外有赢财[4]，以负陛下。”及卒，如其所言。（卷二十七　蜀志）

注释

①自表：自上奏章。

②薄田：贫瘠的田。有时也用以谦称自己的田地。

③调度：征调赋税。

④赢财：余财。

译文

诸葛亮曾向后主上表说：“臣在成都有桑树八百株，薄田十五顷，家中子弟的衣食，已有富余。至于臣在外任职，没有征调其他财物、赋税作为收入，随身衣食都依赖朝廷供给。如果臣有一天死去，不让家中有多余的布帛、家外有多余的财产，以致辜负陛下的信任。”到诸葛亮去世的时候，正像他所说的那样。

75. 州之北界有水，名曰“贪泉”。父老云：“饮此水者，使廉士变节。”隐之始践境，先至水所，酌而饮之，因赋诗曰：“古人云此水，一歃[1]怀千金。

试使夷齐[②]饮，终当不易心！”（卷三十　晋书下）

注释

①歃 shà：饮。

②夷齐：伯夷和叔齐的并称，两人曾互相礼让王位。武王伐纣时，伯夷与叔齐曾叩马而谏，认为这样做是以暴易暴，不可取。后天下归周，二人以为耻，义不食周粟，于首阳山采薇而食，直至饿死。

译文

广州的北部有一处泉水，名叫“贪泉”。当地父老传说：“饮了这个泉的水，清廉的官员就会改变节操而贪污。”吴隐之刚踏入广州地界，便先到贪泉去，舀水来喝，并赋诗一首说：“古人说这里的泉水，喝一口就会变成贪婪的小人。假如让伯夷、叔齐这样的廉洁之士喝下，他们绝不会改变自己的初心！”

二 尽忠

76. 忠臣不私，私臣不忠，履正奉公，臣子之节。（卷二十四 后汉书四）

译文

忠臣没有私心，有私心的臣子则不忠，履行正道、奉公行事，是做臣子的节操。

77. 君语及之，则危言①；语不及，则危行②。国有道，则顺命；无道，则衡命③。（卷十二 史记下）

注释

①危言：犹慎言。

②危行：小心地行动，慎行。

③衡命：违逆命令。

译文

如果国君问到自己，就谨慎地发表自己的言论；若是国君没询问自己，就谨慎地做事，修养自己的德行。国君政令合乎正道时，就服从命令去做；国君政令不合乎正道时，就不受其命而隐居起来。

78. 夫杀生赏罚，治乱所由兴也。人主所谓宜生，或不可生，则人臣当陈所以宜杀；人主所谓宜赏，或不应赏，则人臣当陈所以宜罚。然后治道（治道上下必有脱文）**耳。（卷二十九　晋书上）**

译文

人的死、生、赏、罚，和国家的安定与动乱有着密切的关系。君主说某人应该活命，倘若不可以活命，那么做人臣的就应陈述所以该杀的原因；君主认为某人该奖赏，倘若不该奖赏而该罚，那么做人臣的就应陈述其所以该罚的道理。然后才谈得上治国有道。

79. 忠臣之事君也，言切直则不用，其身危；不切直则不可以明道。故切直①之言，明主所欲急闻，忠臣之所以蒙②死而竭智也。（卷十七　汉书五）

注释

①切直：恳切率直。

②蒙：蒙受。引申为冒着、顶着。

译文

忠臣事奉君主，言语恳切率直则不被信用，还会危及自己的生命；如果言语不切直，又不能够阐明道理。所以切直的话，是英明的君主所急切希望听到的，也是忠臣之所以冒着死罪而竭忠尽智要表达的。

三　劝谏

80. 臣，治烦去惑者也。是以伏死[1]而争[2]。（卷五　春秋左氏传中）

注释

①伏死：甘愿舍弃生命。

②争：通“诤”。诤谏。

译文

臣下，是为国君整治繁乱和解除迷惑的人。因此要冒死去谏诤规劝。

81. 夫不能谏则君危，固谏则身殆。贤人君子，不忍观上之危，而不爱[1]身之殆。（卷四十七　政要论）

注释

①爱：吝惜，舍不得。

译文

臣子不能谏诤，君主就会有危险；坚持进谏，臣子自己就会有危险。真正的贤人君子，不忍心看到自己的君主处于危险之中，因而不顾自身的危亡。

82. 故曰：“危而不持，颠而不扶，则将焉用彼相？”扶之之道，莫过于谏矣。故子从命者，不得为孝；臣苟顺者，不得为忠。是以国之将兴，贵在谏臣；家之将盛，贵在谏子。（卷四十七　政要论）

译文

因此（孔子）说：“君主遇到危险而不去护持，君主就要跌倒而不去搀扶，那君主还要这样的臣子干什么呢？”而扶持的方法，没有比谏诤更好的了。因此，做儿子的如果只是一味听从父亲的话，算不得是真正的孝；做臣子的只是一味顺从君主的意思，算不上是真正的忠。因此国家将要兴旺，贵在有能够直言谏诤的大臣；家庭将要兴旺，贵在有能够劝谏父母的孩子。

83. 若托物以风喻，微生（生疑言）而不切，不切则不改。唯正谏直谏可以补缺也。（卷四十七　政

要论）

译文

如果假借一些事物来进行委婉的劝谏，言辞隐微不显而不能够切中要害；不能切中要害，就很难改正错误。只有不畏强凌弱，直言地劝谏，才能补救君主的过失。

四 举贤

84. 国之所以不治者三：不知用贤，此其一也；虽知用贤，求不能得，此其二也；虽得贤不能尽，此其三也。（卷三十六 尸子）

译文

国家不能得到治理有三方面的原因：不知道推举任用贤德之人，这是其一；虽然知道任用贤人却求不到贤人，这是其二；虽然得到贤人却不能人尽其才，这是其三。

85. 子墨子曰：“今者王公大人为政于国家者，皆欲国家之富、人民之众、刑政之治。然而不得，是其故何也？是在王公大人为政于国家者，不能以尚贤事能为政也。是故国有贤良之士众，则国家之治厚。故大人之务[1]，将在于众贤而已。”（卷三十四 墨子）

注释

①务：紧要的事情。

译文

墨子说："现在朝廷中从政的王公大臣，都希望国家富强、人口众多、刑律政教井井有条。然而却不能如此，这是什么缘故呢？究其原因，在于现在朝廷中从政的王公大臣，不能把尊重贤才、重用有德能的人作为执政方略。国家拥有的贤良之士越多，那么国家风气就越淳厚。所以大臣们的要务，就在于使贤才越来越多而已。"

86. 古者取士，诸侯岁贡①。孝武之世，郡举孝廉，又有贤良文学之选。于是名臣辈出，文武并兴。汉之得人，数路②而已。（卷二十三　后汉书三）

注释

①岁贡：古代诸侯郡国定期向朝廷推荐人才的制度。

②路：途径，门路。

译文

古代选取士人，要求诸侯定期向朝廷举荐人才。汉武帝时，除各郡推举孝廉外，另有贤良文学之士的选拔。于是名臣辈出，文治武功同时兴盛。汉王朝获得人才，主要就是通过这几个方面。

87. 古之官人，君责之于上，臣举之于下。得其人有赏，失其人有罚。安得不求贤乎？（卷三十　晋书下）

译文

古时候任用官员，君主在上面提出（选拔的）要求，臣子在下面保举推荐。所举荐的人得当，就奖赏举荐者；所举荐的人失当，就处罚举荐者。这样臣子们能不去访求贤人吗?

88. 官者无关梁，邪门启矣；朝廷不责贤，正路塞矣。所谓责贤，使之相举也；所谓关梁，使之相保也。贤不举则有咎，保不信亦有罚。有罚则有司莫不悚也，以求其才焉。（卷三十　晋书下）

译文

选任官员不严格把关，不正之门就会开启；朝廷不求取贤人，入仕的正道就会阻塞。所谓求取贤人，就是让官员递相举荐；所谓从严把关，就是让保举人和被荐人互相担保。贤人得不到推荐，官员就有罪过；举荐不实，官员也要受罚。有了处罚就会让负责的官员有恐惧之心，因而能够尽力求贤。

叁　贵德

一　尚道

89.《彖》曰：观乎天文，以察时变；观乎人文，以化成天下。（卷一　周易）

译文

《彖传》说：观察天象，可以知晓四季的变化规律；观察社会的人文现象，可以推行教化而实现天下大治。

90. 天地以顺动[①]，故日月不过，而四时不忒。圣人以顺动，则刑罚清而民服。豫之时义大矣哉！（卷一　周易）

注释

①顺动：顺应事物固有的规律而运动。豫卦坤下震上，坤为顺，震为动。

译文

天地顺应自然规律而动，所以日月运行不会有过，四季轮转没有误差。圣人能够顺应人的天性而动，则刑罚清楚简单，万民服从。豫卦所蕴含的“顺天而动”的义理是多么深远广大啊！

91.坤，至柔而动也刚，至静而德方，含万物而化光[①]。坤道其顺乎，承天而时行。（卷一　周易）

注释

①化光：德化广大的意思。

译文

坤卦六爻皆阴，至柔，但一有所动便显示出刚健的特性；它的形态是至静的，但具有方正的德性，含养万物而德化广大。坤道是如此的柔顺，它总是顺承着天道而行，随着时节运转不息。

92.夫大人者，与天地合[①]其德，与日月合其明，与四时合其序，与鬼神合其吉凶。先天而天弗违，后天而奉天时。（卷一　周易）

注释

①合：符合，相同。

译文

圣明之人，他的道德像天地一样覆载万物，他的圣明如同日月一样普照万物，他施理政事像四时一样井然有序，他示人的吉凶祸福如同鬼神一样奥妙无穷。他若在天时之前行事，天不违背他；若在天时之后行事，也能奉顺天道运行的规律。

93. 子曰："天之所助者顺也，人之所助者信也。履信思乎顺，是以自天佑之，吉无不利。"（卷一 周易）

译文

孔子说："上天所辅助的是能够顺从正道的人，人们所扶助的是笃守诚信的人。按照诚信的要求去做事，而时刻不忘记顺从天地之道的人，能够从上天得到保佑，吉祥而无不利。"

94. 夫道以人之难为易也。是故曾子曰："父母爱之，喜而不忘；父母恶之，惧而无咎[①]。"然则爱与恶，其于成孝无择[②]也。史鳝[③]曰："君亲而近之，至敬以逊[④]；貌[⑤]而疏之，敬无怨。"然则亲与疏，其于成忠无择也。孔子曰："自娱于檃括[⑥]之中，直己而不直人，以善废而不邑邑[⑦]，蘧伯玉[⑧]之行也。"然则兴与废，其于成善无择也。屈侯附[⑨]曰："贤者易知也，观其富之所分，达之所进，穷之所不取。"然则穷与达，其于成贤无择也。是故爱恶亲疏，废兴穷达，皆可以成义。（卷三十六　尸子）

注释

①咎：责怪，责备。

②无择：不用挑选；没有区别。

③史鳝：字子鱼，春秋卫国大夫。一生为国荐贤斥奸，死后犹陈尸以谏，以其至诚感动卫灵公。

④逊：谦虚，恭顺。

⑤貌：通"藐"。轻视。

⑥檃 yǐn 括：泛指矫正。本为矫正竹木邪曲的工具。揉曲叫檃，正方称括。

⑦邑邑：忧郁不乐貌。

⑧蘧 qú 伯玉：春秋时卫国人，是一位求进甚切并善于改过的贤大夫。

⑨屈侯附：战国人，其生平不详。

译文

若循着道义来做事，就能使那些别人觉得困难的事情变得容易。曾子说："父母疼爱自己，心里高兴而不忘父母恩德；父母讨厌自己，则戒慎恐惧不惹父母生气。"既然如此，那么不论父母喜欢还是讨厌自己，对于自己成就孝心来说，没有什么区别。史鰌说："君王亲近自己，就礼敬而恭顺；君王疏远自己，就恭敬而无怨。"既然如此，那么不论君王亲近还是疏远自己，对于自己成就忠诚来说，没有什么区别。孔夫子说："在自我矫正中感到快乐，严格要求自己而不苛求别人，有才德而被废置不用，却能不郁郁寡欢，这就是贤人蘧伯玉的德行。"既然如此，那么不论被举用还是被弃置，对于自己养德行善来说，没有什么区别。屈侯附说："是否贤德很容易辨别，只要观察他富裕时如何分配财富，发达时举荐什么样的人，穷困时如何拒绝外面的诱惑。"既然如此，那么不论穷困与发达，对于自己成就贤德来说，没有什么区别。所以，无论别人对我们喜爱还是厌恶，亲近或是疏远，还是自己人生衰败、兴旺，或是穷困、发达，都可以成就自己的大义。

95. 君子不与人之谋[①]则已矣，若与人谋之，则非道无由也。故君子之谋，能必用道，而不能必见受[2]也；能必忠，而不能必入[3]也；能必信，而不能必见信也。君子非仁[4]者，不出之于辞，而施之于行。故非非者行是，而恶恶者行善，而道谕矣。（卷三十一　鬻子）

注释

①之谋：《鬻子》通行本作“谋之”。

②见受：被接纳，被接受。

③入：接受，采纳。

④仁：《鬻子》通行本作“人”。

译文

君子不为人出谋划策则已，如果为人谋划，就一定会依循道义。所以君子的谋划，一定能做到遵从道义，但不一定会被人接受；一定能做到尽忠无私，但不一定会被人采纳；一定能做到诚实不欺，但不一定会被人相信。君子指正他人，不表露于言辞，而是体现于行动。对待错误的事物，如果要让别人知道它是错的，就自己把正确的做出来；不喜欢恶的行为，就自己通过努力行善来予以补救和感化。这样一来，道理自然就彰显了。

96.《象》曰：地中生木，升。君子以慎[1]德，积

小以成高大。（卷一　周易）

注释

①慎：遵循；依顺。

译文

《象传》说：树木生于地中，是成长上升的象征。君子因此遵循道德，从积累小善做起，以至成就高尚的德行。

97. 帝者贵其德也，王者尚其义也，霸者迫（迫作通）于理也。道狭然后任智，德薄然后任刑，明浅然后任察。（卷三十五　文子）

译文

称君主为帝是重视其美德，称君主为王是崇尚其正义，称君主为霸则是因为他通晓事理。所行之道偏狭才凭借智谋，恩德不厚才凭借刑罚，圣明不足才凭借苛察。（凭借智谋、刑罚、苛察，会产生不同的弊端。）

98. 天有时、地有财，能与人共之者，仁也。仁之所在，天下归之。免人之死、解人之难、救人之患、济人之急者，德也。德之所在，天下归之。与人同忧同乐、同好同恶者，义也。义之所在，天下归之。凡人恶死而乐生，好得而归利。能生利者，道也。道之所在，天下归之。（卷三十一　六韬）

译文

天有四时、地有财富，能和人民共同享用，就是仁爱。实施仁爱者，天下人就归附他。使人民免遭死亡、解除人民的困难、救助人民的灾患、接济人民的急需，这些就是恩德。广施恩德者，天下人就归顺他。和人民同忧同乐、同好同恶，就是义。践行道义者，天下人就归附他。所有的人都害怕死亡而乐于生存，喜欢得到好处和利益。能使天下人都获得利益的，就是道。有道者，天下人就归附他。

99. 文王问太公曰："先圣之道可得闻乎？"太公曰："义胜欲则昌，欲胜义则亡，敬胜怠[①]则吉，怠胜敬则灭。故义胜怠者王，怠胜敬者亡。"（卷三十一　六韬）

注释

①怠：据前文之意，此“怠”字疑当作“欲”，译文按欲字翻译。

译文

文王问太公：“先世的圣人之道可以讲给我听听吗？”太公答：“道义胜过私欲，国家就会昌盛；私欲胜过道义，国家就会衰亡；敬慎胜过私欲，则诸事吉祥；私欲胜过敬慎，则功业毁灭。所以道义胜过私欲者可以统治国家，私欲胜过敬慎者就会灭亡。”

100. 道德仁义定，而天下正。（卷四十三　说苑）

译文

道德仁义落实之后，天下便自然归于正道。

101. 有道以理①之，法虽少足以治矣；无道以临②之，命③虽众足以乱矣。（卷三十五　文子）

注释

①理：治理。

②临：监视，监临。引申为统治、治理。

③命：政令。

译文

遵循道来治理天下，法规虽少，却足以使天下太平安定；不遵循道来统治天下，命令虽然众多，却只能使天下混乱。

102. 天反时为灾，寒暑易节。地反物为妖，群物失性。民反德为乱，乱则妖灾生。（卷五　春秋左氏传中）

译文

上天不按四时运行就会发生灾害，大地违反万物常性就会发生妖异，人民违反德义就生出祸乱，有了祸乱就会发生灾害和异象。

二 孝悌

103. 夫孝敬仁义，百行之首，而立身之本也。孝敬则宗族安之，仁义则乡党[1]重之。此行成于内，名著于外者矣。（卷二十六 魏志下）

注释

①乡党：同乡；乡亲。

译文

孝敬、仁义，是各种品行当中最重要的，也是为人处世的根本。能孝敬，则家族内部就会安定；有仁义，则会受到乡亲们的尊重。这就是德行养成于自身，好的名声就会显扬在外了。

104. 夫人为子之道，莫大于宝身[1]全行[2]，以显父母。（卷二十六 魏志下）

注释

①宝身：珍惜身躯。

②全行：品行完美无缺。

译文

为人子之道，没有比爱惜自己的身体，保持良好的品行，从而让父母因子女贤德而得到荣耀更重要的了。

105. 曾子曰："孝子之养老，乐其耳目，安其寝处，以其饮食忠养[①]之。父母之所爱亦爱之，父母之所敬亦敬之。"（卷七　礼记）

注释

①忠养：指尽心诚敬奉养父母，不仅仅是照顾父母的身体而已。

译文

曾子说："孝子奉养父母，要使父母的耳目愉悦，要使父母的寝处起居安适，对于饮食各方面，都要尽心仔细地照料和侍奉。父母所钟爱的自己也应钟爱，父母所恭敬的自己也恭敬。"

106. 人之事亲也，不去乎父母之侧，不倦乎劳辱[①]之事，唯父母之所言也，唯父母之所欲也。于其体之不安，则不能寝；于其飡[②]之不饱，则不能食。孜孜[③]为此，以没其身。（卷四十五　昌言）

注释

①劳辱：犹劳苦。亦指劳苦之事。

②飡：同“餐”。

③孜孜：勤勉，不懈怠。

译文

人了侍奉双亲，不离开父母的身旁，不厌烦劳苦之事，恭恭敬敬听从父母的话不违背，体恤父母的需要尽力侍奉。父母身体不安，自己就无法安睡；父母没吃饱，自己就无法进食。勤勉不懈于此，终身不改。

107. 礼以将其力，敬以入其忠。《诗》言：“夙兴[①]夜寐，毋忝[②]尔所生。”不耻其亲，君子之孝也。（卷三十五　曾子）

注释

①兴：起身。

②忝 tiǎn：羞辱。

译文

遵照礼仪来尽力侍奉父母，要把恭敬融入尽孝的真诚心里。《诗经·小雅·小苑》说："早起晚睡勤奋不懈，无愧于生养你的父母。"说的是孝子一刻也不放松自己，不让父母蒙受羞耻，这是君子的孝。

108. 曾子曰："若夫慈爱、恭敬、安亲[①]、扬名，则闻命矣，敢问子从父之命，可谓孝乎？"子曰："是何言与！是何言与！昔者，天子有争[②]臣七人，虽无道，不失其天下；七人者，谓大师、大保、大傅、左辅、右弼、前疑、后丞。维持王者，使不危殆。诸侯有争臣五人，虽无道，不失其国；大夫有争臣三人，虽无道，不失其家；尊卑辅善，未闻其官。士有争友，则身不离于令[③]名；令，善也。士卑无臣，故以贤友助己。父有争子，则身不陷于不义。故当不义则争之。从父之命，又焉得为孝乎？"委曲从父命，善亦从善，恶亦从恶，而心有隐，岂得为孝乎。（卷九　孝经）

注释

①安亲：使父母安宁；孝养父母。

②争 zhèng：通“诤”，诤谏；规劝。

③令：善；美好。

译文

曾子说：“关于慈爱、恭敬、安亲、扬名的道理，学生已经听您讲过了，请问为人子的一切都听从父母的命令，可以说是孝吗？”孔子说：“这是什么话！这是什么话！在古时候，天子有七位直言谏诤之臣，即便天子无道，还不会失掉其天下；诸侯有五位直言谏诤之臣，即便诸侯无道，还不会失掉其国；卿大夫有三位直言谏诤之家臣，即便大夫无道，还不会失掉其家；士人若有直言规劝的朋友，则自己不会失掉美好的名声；如果父母有以道义劝谏自己改过的儿女，自身就不会陷于不义。所以面对父母、领导、朋友不合道义的思想言行，应当劝谏。一味盲从父母的号令，怎么能够称为孝呢？”

109. 夫兄弟者，左右手也。譬人将斗而断其右手，而曰我必胜，若是者可乎？夫弃兄弟而不亲，天下其孰亲之？（卷二十五　魏志上）

译文

兄弟之间就像人的左右手。比如有人将要打斗时，却砍断自己的右手，反而说我一定能取胜，像这样可能吗？抛弃亲兄弟而不亲近，天下人还有谁可以亲近呢？

三 仁义

110. 所谓仁者，爱人者也。爱人，父母之行也。为民父母，故能兴天下之利也。所谓义者，能辨物理[①]者也。物得理，故能除天下之害也。兴利除害者，则贤人之业也。（卷五十 袁子正书）

注释

①物理：事物的道理、规律。

译文

所谓“仁”，就是爱人。爱人，是为人父母的品行。能像父母一样爱护人民，所以能兴办有利于天下百姓的事。所谓“义”，是能辨别事物的道理。做事合情合理，所以能为天下百姓消除灾害。兴利除害，是贤人的事业。

111. 凡人所以贵于禽兽者，以有仁爱，知相敬事也。（卷二十一 后汉书一）

译文

人比禽兽可贵的地方，就是因为有仁爱之心，知道互相尊敬对待。

112. 仁者行之宗，忠者义之主也。仁不遗旧，忠不忘君，行之高者也。（卷二十二　后汉书二）

译文

仁厚是德行的根本，忠诚是道义的要素。仁厚的人不会遗弃疏远故旧，忠诚的人不会忘记领导（的恩德），这是高尚的品行。

113. 周家忠厚，仁及草木，故能内睦于九族，外尊事黄耇[①]。养老乞[②]言，以成其福禄焉。乞言，从求善言，可以为政者也。（卷三　毛诗）

注释

①黄耇 gǒu：指年老的人。耇，老年人。

②乞：祈求；请求。

译文

周室王族忠厚治国，仁爱延及草木，所以对内能使九族和睦，对外能尊敬老人。恭敬供养老人并虚心请教，所以才积累了绵长的福报。

114. 圣人之于天下也，譬犹一堂之上也。今有满堂饮酒者，有一人独索然向隅而泣，则一堂之人皆不乐矣。圣人之于天下也，譬犹一堂之上也，有一人不得其所者，则孝子不敢以其物荐进[①]也。（卷四十三　说苑）

注释

①荐进：进献。荐，进献；送上。进，进奉；奉献。

译文

圣人治理天下就如同处在厅堂之上，假如满堂的人都在饮酒，但有一个人独自对着墙角哭泣，那么满堂的人都会不愉快了。圣人治理天下就好像处在厅堂之上，哪怕只有一个人还未得到适当的安置，那么即使是身为孝子也不敢将他的物品即刻就进献上来。

115. 咎繇曰："帝德罔僁[①]。临下以简，御众以宽；僁，过也。善则归君，人臣之义也。罚弗及嗣，赏延于世；嗣亦世也。延，及也。父子罪不相及也。而及其赏，道德之政也。宥过[②]无大，刑故[③]无小；过误所犯，虽大必宥。不忌故犯，虽小必刑也。罪疑惟轻，功疑惟重；刑疑附轻，赏疑从重，忠厚至也。与其杀弗辜，宁失不经[④]。"（卷二　尚书）

注释

①僁 qiān：古同"愆"。罪过，过失。

②宥过：宽恕别人的过错。

③刑故：处罚故意罪犯。

④经：常道。指常行的义理、准则、法制。

译文

咎繇说："舜帝您品德高尚，没有过失。以简要、不烦扰的方式对待下属，以宽缓的方式管理人民；惩罚不株连子孙，赏赐却延及后代；过失犯罪再大也可以宽赦，故意犯罪再小也必定惩罚；处罚犯罪有疑虑时宁可从轻，奖赏立功有疑虑时宁可从重；与其错杀无罪之人，宁可失之于不守常规。"

116. 子贡问曰："有一言[①]而可终身行者乎？"

子曰:“其恕乎！己所不欲,勿施于人。”(卷九　论语)

注释

①言：指一个字或一句话。

译文

子贡问孔子说：“有没有一个字可以终身依之而行呢？”孔子说：“那就是恕字吧！自己不愿接受的事，不要加在别人身上。”

117. 圣人以仁义为准绳，中绳者谓之君子，弗中者谓之小人。君子虽死亡,其名不灭;小人虽得势,其罪不除。左手据天下之图，而右手刎其喉，愚者不为。身贵乎天下也，死君亲之难者，视死若归，义重于身故也。天下大利，比(比下有之仁二字)身即小;身所重也,比义即轻。此以仁义为准绳者也。(卷三十五　文子)

译文

圣人以仁义作为言行的准则，符合仁义标准的人就是君子，不符合的就是小人。君子即使失去生命，但是他的声名却不会泯灭；小人虽然一时得势，但是他的罪恶却很难消除。左手掌握天下的版图（大权），而右手自割其喉咙，即使愚昧的人也不会这样做，因为生命比天下更为宝贵。为君王和父母的危难而牺牲的人，能视死如归，是把“义”看得比生命还重要的缘故。拥有天下是极大的利益，但同生命相比也是渺小的；生命是极其宝贵的，但同道义相比也是轻微的。这是以仁义作为行为准则。

118. 孔子曰：“不义而富且贵，于我如浮云。”（卷四十八　体论）

译文

孔子说：“用不合乎道义的手段得到的富与贵，对于我，就如同天上聚散不定的浮云一样，不值得花费心思去追逐。”

119. 子曰：“君子无终食之间违仁。造次[①]必于是，颠沛[②]必于是。”造次，急遽也。颠沛，僵仆也。虽急遽僵仆不违仁也。（卷九　论语）

注释

①造次：仓促，匆忙。

②颠沛：仆倒。比喻世道衰乱或人事挫折。

译文

孔子说："君子没有哪怕是吃一顿饭的时间离开过仁。迫促不暇之时，其心亦必在仁；遭遇危险之际，其心亦必在仁。"

120. 孟轲称："杀一无辜以取天下，仁者不为也[1]。"（卷二十五　魏志上）

注释

①杀一无辜以取天下，仁者不为也：语出《孟子·公孙丑》："行一不义，杀一不辜，而得天下，皆不为也。"

译文

孟子说："即使杀一个无辜的人便能够获得天下，仁德之人也是不会做的。"

121. 未有仁而遗其亲者也，未有义而后其君者

也。（卷二十七　孟子）

译文

从来没有讲求仁爱却会遗弃自己父母的人，也没有讲求道义却把国君抛在脑后的人。

122. 有功离仁义者，即见疑；有罪不失仁心（不失仁心作有仁义）者，必见信。故仁义者，事之常顺[①]也，天下之尊爵也。虽谋得计当，虑患而患解，图国而国存，其事有离仁义者，其功必不遂矣。（卷三十五　文子）

注释

①常顺：指自然之性。

译文

有功劳却丧失了仁义之心，就会被怀疑；有过失却没有丧失仁义之心，一定会得到信任。所以，仁义是做任何事都要依循的常道，是天下最为尊贵的品德。虽然计谋得当，事先考虑如何预防祸患而祸患也得以消除，谋划着立国而国家也得以建立，但是如果所做的事有违背仁义的地方，其功业一定不会圆满实现。

四 诚信

123. 开至公之路，秉至平之心，执大象[①]而致之，亦云诚而已矣。夫任诚,天地可感,而况于人乎？（卷四十九 傅子）

注释

①大象：大道，常理。

译文

开辟至公的招贤之路，秉持至平的心，把握治国大纲而自然招感贤才，说的也就是真诚而已。真正有了诚意，天地都能被感动，何况人呢？

124. 夫为人上，竭至诚开信以待下，则怀信者欢然而乐进；不信者赧然而回意矣。（卷四十九 傅子）

译文

在上位者，若竭尽至诚至信来对待在下者，则有诚信的人就会欢喜并乐于效劳；缺少诚信的人，也会羞愧而回心转意。

125. 夫信之于民，国家大宝也。仲尼曰："自古皆有死，民非信不立。"（卷二十五　魏志上）

译文

取信于民，是一个国家非常宝贵的财富。孔子说："自古以来，人都免不了死亡，如果失去了百姓的信任，国家是建立不起来的。"

126. 君之任臣，如身之信手；臣之事君，亦宜如手之系[①]身。安则共乐，痛则同忧。其上下协心，以治世事，不俟[②]命而自勤，不求容[③]而自亲。何则？相信之忠著也。（卷四十八　典语）

注释

①系：连缀；归属。

②俟 sì：等待。

③求容：取悦。

译文

领导人任用下属，就像身体信任自己的手；下属服务于领导人，也应当像手归属于身体。安适则共同欢乐，疼痛则一起忧愁。上下协同一心，治理国家事务，不等命令而自觉劳作，不取悦领导而自然亲近。为什么会这样呢？这是彼此信任非常深厚的表现。

127. 子张问行。子曰："言忠信，行笃敬，虽蛮貊[①]之邦行矣。言不忠信，行不笃敬，虽州里[②]行乎哉？"行乎哉，言不可行也。子张书诸绅[③]。绅，大带也。（卷九　论语）

注释

①蛮貊 mánmò：古代称南方和北方未开化的部族。亦泛指四方未开化的部族。

②州里：古代二千五百家为州，二十五家为里。本为行政建制，后泛指乡里或本土。

③绅：古代士大夫束于腰间，一头下垂的大带。

译文

子张问做事情怎样才能行得通。孔子说："一个人只要说话忠实守信，行为厚道恭敬，即使到了边远的未开化的部族，也无往而不可行。假如说话不忠实守信，行为不厚道恭敬，即使在自己的家乡，难道就能行得通吗？"子张把孔子的话恭恭敬敬地写在衣带上（以便随身记诵，依照实行）。

128. 子曰："人而无信，不知其可也！无信，其余终无可也。大车无輗，小车无軏，其何以行之哉？"大车，牛车。輗，辕端横木以缚轭者。小车，驷马车。軏，辕端上曲钩衡者也。（卷九　论语）

译文

孔子说："一个人若无信用，真不知道他还能干什么！正如牛拉的大车没有了连接牛与车的木头，马拉的轻车没有了钩住马和车的钩子，如何使车子行走呢？"

129. 信不可知，义无所立。（卷五　春秋左氏传中）

译文

如果信用不能彰显，道义便无所树立。

五　正己

130. 君子敬以直内，义以方外，敬义立而德不孤。（卷一　周易）

译文

君子以恭敬持重来端正自己的内心，以正当适宜来规范外在的事物。能够做到内心恭敬、处事适宜，他的德业就广博而不孤立（众人也会以敬、义回应他）。

131. 子曰：“苟正其身，于从政乎何有？不能正其身，如正人何？”（卷九　论语）

译文

孔子说：“果真能够端正自己本身，从事政治何难之有？若不能正己，如何正人？”

132. 天覆之，地载之，圣人治之。圣人之身犹

日也，夫日圆尺，光盈[1]天地。圣人之身小，其所烛远[2]，圣人正己，而四方治矣。（卷三十六　尸子）

注释

①盈：充满。

②烛远：光照远方。比喻泽及远方。

译文

上天覆盖万物，大地承载万物，圣人治理万物。圣人就好像太阳一样，太阳看起来只像直径一尺那么大的圆，却能光明普照天地万物。圣人的身体虽小，却能光照千里，恩泽远方。圣人端正自己的思想、言行，四方百姓就能得到治理。

133. 孔子，匹夫[1]之人耳，以乐道正身不懈之故，四海之内，天下之君，微[2]孔子之言，无所折中[3]。（卷十九　汉书七）

注释

①匹夫：古代指平民中的男子。亦泛指平民百姓。

②微：如果没有。

③折中：取正，用为判断事物的准则。

译文

孔子，不过是个普通百姓，因为不懈地追求圣贤之道端正自身的缘故，如今四海之内，天下的君主，如果没有孔子的言论，就没有办法调和太过与不及，以使处事得当合理。

134. 故不仁爱则不能群，不能群则不胜物，不胜物则养不足。群而不足，争心将作。上圣[1]卓然，先行敬让博爱之德者，众心悦而从之。从之成群，是为君矣；归而往之，是为王矣。（卷十四　汉书二）

注释

①上圣：犹前圣。指前代的帝王与圣贤。

译文

所以不仁爱，就不能形成和睦的群体，不能形成和睦群体就无法善用外物，不能善用外物，人们生活所需就会不足。组成了群体而生活所需不足，争斗之心就会产生。前代的圣人高远地率先躬行敬让博爱之德，人民就心悦诚服地跟随他。跟随他的人越来越多，形成了群体，这个人就成了首领；远近的人都争着前来归附他，这个人就成为王者了。

135. 修厥身，允德[①]协[②]于下，惟明后。言修其身，使信德合于群下，惟乃明君。先王子惠[③]困穷，民服厥命，罔有弗悦。言汤子爱困穷之人，使皆得其所，故民心服其教令，无有不欣喜也。奉先[④]思孝，接下思恭。以念祖德为孝，以不骄慢为恭也。视远惟明，听德[⑤]惟聪。言当以明视远，以聪听德。（卷二　尚书）

注释

①允德：诚信之德。

②协：协和。

③子惠：慈爱，施以仁惠。子，待如己子，慈爱。

④奉先：祭祀祖先。

⑤听德：谓听用有德之言。

译文

注重自身修养，以诚信之美德谐和民众，这才是英明的帝王。先王像爱护子女一样爱护困苦贫穷之人，人民都顺从他的命令，没有不高兴的。奉祀祖先，必心存孝敬；接近臣民，必心存谦恭。能够看得长远，才叫作眼明；能够听从有德之人的善言，才叫作耳聪。

136. 未有身治正而臣下邪者也。……未有闺门[①]

治而天下乱者也。……未有左右正而百官枉者也。……未有功赏得于前，众贤布于官而不治者也。……未有德厚吏良而民畔[2]者也。（卷二十　汉书八）

注释

①闺门：宫苑、内室的门。借指宫廷、家庭。

②畔：通“叛”。违背；背离。

译文

不曾有君主自身修治中正而臣下奸邪的。……不曾有君主宫廷内修整而天下混乱的。……不曾有左右近臣正直而百官不正的。……不曾有论功行赏实行在前，众多有才智的人安置在官位上而国家不太平的。……不曾有君主德行淳厚、官吏贤良，而百姓叛乱的。

137. 救寒莫如重裘[1]，止谤莫如自修，斯言信矣。（卷二十六　魏志下）

注释

①重 chóng 裘：厚毛皮衣。

译文

谚语说：要防止寒冷，没有比穿上厚皮衣更有效的了；要止息谤言，没有比修养自己的德行更好的了。这话真是不虚啊！

六　度量

138. 君子己善，亦乐人之善也；己能，亦乐人之能也。君子好人之为善而弗趍[①]（趍作趣，音促也），恶人之为不善而弗疾也，不先人以恶，不疑人以不信，不说[②]人之过，而成人之美。（卷三十五　曾子）

注释

①趍 cù：同“趋”。催迫；催促。

②说：后作“悦”。喜悦；高兴。

译文

君子自己德行良善，也欢喜别人德行良善；自己有才能，也欢喜别人有才能。君子喜欢别人行善却不催促逼迫，讨厌别人作恶却不嫉恶如仇，不先料想别人品行不好，不怀疑别人不守信用，不对别人的过错感到幸灾乐祸，而是成全别人的善心善行。

139. 故曰：“记人之功，忘人之过，宜为君者也[①]。”

人有厚德，无问其小节；人有大誉，无訾[2]其小故。自古及今，未有能全其行者也。（卷四十八　体论）

注释

①记人之功，忘人之过，宜为君者也：语出《周书》。

②訾 zǐ：诋毁；指责。

译文

所以说："记住人的功绩，忘记人的过错，这样的人适合当君主。"一个人如果具有淳厚的美德，就不要追究他的小节；一个人如果拥有很大的声誉，就不要指责他的小过失。从古至今，没有品行十全十美的人。

140. 汉高祖山东之匹夫[1]也，起兵之日，天下英贤奔走而归之，贤士辐凑[2]而乐为之用，是以王天下，而莫之能御。唯其以简节宽大，受天下之物故也。（卷五十　袁子正书）

注释

①匹夫：普通人。

②辐凑：车辐汇聚于毂。形容人物的聚集和稠密。

译文

汉高祖原是崤山以东的一个普通人，起兵之时，天下的英雄豪杰争先恐后地归顺他，贤良之人群聚而乐于为他所用，所以能够统一天下，没有人能够抵挡他。这仅仅是因为他简节平易、心胸宽大，能包容天下各类人才（让他们各自发挥所长）。

七 谦虚

141. 夫自足者不足，自明者不明。日月至光至大，而有所不遍者，以其高于众之上也。灯烛至微至小，而无不可之者，以其明之下，能照日月之所蔽也。（卷四十七 刘廙政论）

译文

自以为完备的人其实并不完备，自以为聪明的人其实并不聪明。太阳和月亮极其明亮巨大，但是也有照不到的地方，因为它们高悬于万物之上。灯烛的火焰极小极微弱，但没有不能去照的东西，因为它在下面照，所以能照到阳光、月色照不到的地方。

142. 子曰："劳而不伐，有功而不德，厚之至也！语以其功下人者也。"（卷一 周易）

译文

孔子说："辛勤付出而不自我夸耀，有功绩而不自认为有功，这是敦厚到了极点啊！这是说君子虽有功勋而能谦下对人。”

143. 子路进曰：“敢问持满有道乎？”子曰：“聪明睿智，守之以愚；功被[①]天下，守之以让；勇力振世，守之以怯；富有四海，守之以谦。此所谓损之又损之[②]之道也！”（卷十　孔子家语）

注释

①被：覆盖；遍布。

②损之又损之：日益去除华伪以归于纯朴无为。引申指尽可能谦抑。损，降抑；克制。

译文

子路上前问道：“请问夫子，想要保持盈满却不倾倒，有办法吗？”夫子说：“聪明睿智，而又能保持敦厚若愚的态度；功盖天下，而又能保持礼让不争的态度；勇力足以震撼世界，而又能保持小心畏惧的态度；拥有四海的财富，而又能保持恭敬谦逊的态度。这就是古人所说的‘损之又损之’之道啊！”

144. 盖劳谦虚己，则附之者众；骄慢倨傲，则去[1]之者多矣。附之者众，则安之征也；去之者多，则危之诊[2]也。（卷五十　抱朴子）

注释

①去：离开。

②诊：症状。

译文

大凡有功劳却仍谦逊的人，归附他的人就多；骄狂傲慢的人，背离他的人就多。归附的人多，是平安的征兆；背离的人多，是危险的信号。

145. 知其荣，守其辱，为天下谷[1]。知己之有荣贵。当守之以污浊。如是则天下归之。如水流（流后有入字）深谷也。（卷三十四　老子）

注释

①谷：水流汇聚的地方。

译文

知道自己高贵光荣之处，却能守住谦虚卑下的态度，

（善尽本分）这样，自然成为众望所归，如世间百川所汇的深谷一般。

146. 夫以贤而为人下，何人不与？以贵从人曲直，何人不得？（卷三十一　六韬）

译文

自身贤德而能谦恭待人，谁会不跟随他呢？地位尊贵而能听从接纳他人的是非判断，又有什么人才不能感召到呢？

147. 夫能屈以为伸，让以为得，弱以为强，鲜不遂[①]矣。（卷二十六　魏志下）

注释

①不遂：不顺利。

译文

人如果能够以屈为伸，以让为得，以弱为强，就很少会有不顺利的。

148. 自尊重之道，乃在乎以贵下贱，卑以自牧[①]也，非此之谓也。乃衰薄之弊俗，膏肓[②]之废疾，安共为之？可悲者也！（卷五十　抱朴子）

注释

①自牧：自我修养。

②膏肓：古代医学以心尖脂肪为膏，心脏与膈膜之间为肓。比喻难以救药的失误或缺点。

译文

自尊自重之道，就在于以尊贵的身分谦虚对待低贱的人，用谦卑来修养自己，而并非这种骄傲的态度。这种（骄傲的）做法，乃是衰败的弊俗、是严重的社会弊病，怎么能大家都做这样的事呢？真是可悲啊！

149. 德盛弗狎侮[①]。盛德必自敬，何狎易侮慢之有也。狎侮君子[②]，罔以尽人心；以虚受人，则人尽其心矣。狎侮小人[③]，罔以尽其力。以悦使民，民忘其劳，则尽力矣。（卷二　尚书）

注释

①狎侮：轻慢侮弄。

②君子：此处指官员。

③小人：此处指百姓。

译文

君王德行隆盛就不会轻忽侮慢他人。轻忽侮慢官员，就没有人替您尽心；轻忽侮慢百姓，就没有人替您尽力。

150. 能自得师者王，求圣贤而事之。谓人莫己若[①]者亡。自多足，人莫之益，己亡之道。好问则裕，自用[②]则小。问则有得，所以足也；不问专固，所以小也。（卷二　尚书）

注释

①莫己若：以为别人都不如自己。

②自用：自行其是，不接受别人的意见。

译文

能自己去寻求圣贤并以之为师者可以称王，认为没有人能比得上自己的人终究会灭亡。谦虚好问，才智就充足；自以为是，见识就狭隘。

151. 是故聪明广智守以愚，多闻博辨守以俭，

武力勇毅守以畏，富贵广大守以狭，德施[1]天下守以让。此五者，先王所以守天下也。（卷三十五　文子）

注释

①德施：德泽恩施。

译文

所以聪明多智之人应以愚钝自守，博闻善辩之人应以收敛自守，勇武刚毅之人应以畏怯自守，富贵地广之人应以狭小自守，恩德施及天下之人应以谦让自守。这五点，就是古代圣明君王守住天下的原因。

八　谨慎

152. 人心惟危，道心惟微，惟精惟一，允执厥中。危则难安，微则难明，故戒以精一，信执其中也。无稽之言勿听，弗询[1]之谋勿庸[2]。无考无信验也，不询专独也。终必无成，故戒勿听用也。（卷二　尚书）

注释

①询：问。

②庸：用。

译文

人心（人的欲望）是危险的，道心（伦理道德）是微妙的，只有勇猛精进，住于一心，才能真正把握中正（无过之、无不及）之道。没有经典为根据的话不要听信，没有征求过贤明之人的谋略不要采纳。

153. 子曰："君子居其室，出其言，善则千里之外应之，况其迩者乎？居其室，出其言，不善则千里之外违之，况其迩者乎？言出乎身加乎民，行发乎迩见乎远。言行，君子之枢机，枢机，制动之主。枢机之发，荣辱之主也。言行，君子之所以动天地，可不慎乎？”（卷一 周易）

译文

孔子说：“君子处在自家的庭院中，发出言论之后，如果言论是美好的，那么千里之外都能得到响应，何况是近处呢？处在自家的庭院中，发出言论之后，如果不是美好的，那么千里之外也会背弃它，何况近处呢？言论从他本身发出来，影响到民众；行动发生在近处，却显现在远处。言论和行动，对君子来说好比是门户的转轴或弓箭上的机关一样，门轴和机关的发动，关系到得到称赞还是羞辱。言论和行为，是君子能够影响天地万物的因素，怎能不慎重呢？”

154. 无竞[①]维人，四方其训之。有觉德行，四国顺之。无竞，竞也。训，教也。觉，直也。竞，强也。人君为政，无强于得贤人。得贤人，则天下教化于其俗。有大德行，则天下顺从其政。言在上所以倡道之。敬慎威仪[②]，维民之则。则，法也。慎尔出话，话，善言也，谓教命也。敬尔威仪，无不柔嘉。白圭[③]之玷[④]，尚可磨也；斯言之玷，不可为！

玷，缺也。斯，此也。玉之玷缺，尚可磨鑢而平，人君政教一失，谁能反复之也。（卷三　毛诗）

注释

①竞：强盛；强劲。

②威仪：庄重的仪容举止。

③白圭：亦作“白珪”。古代白玉制的礼器。

④玷：玉的斑点，瑕疵。

译文

国家的强盛在于拥有贤德之人，四方之国才会接受其教化。君王具备了纯正的德行，四方诸侯才能够齐归于麾下。恭敬谨慎、举止庄重，天下百姓都会效法。依循古人的常道把教令来颁布，言行举止务求优美合度。白玉之瑕，尚可琢磨；政令之失，再难弥补！

155. 子曰：“君子道人以言，而禁人以行，禁，犹谨也。故言必虑其所终，而行必稽其所弊，则民谨于言，而慎于行。稽，犹考也。”（卷七　礼记）

译文

孔子说：“君子以言语教导人们向善，以身作则防止人们作恶，所以每说一句话之前，必定先想到它的后果；每做一件事之前，必定先考虑到它可能会造成的弊端，这样人民才会说话谨慎而行事小心。”

156. 激电不能追既往之失辞[①]，班轮（轮作输）[②]不能磨斯言之既玷。虽不能三思而吐情谈，犹可息谑调以杜祸萌也。（卷五十　抱朴子）

注释

①失辞：亦作“失词”，言辞失当。

②班输：春秋鲁国的巧匠公输班。一说班指鲁班，输指公输般，“班输”为两人的合称。

译文

快速的闪电，也追不回说过的错话；鲁班这样的能工巧匠，也磨不去不当言辞留下的污点。一个人即使不能时时做到三思而后言、说出得体的话，但是停止说戏谑嘲弄的话语，以杜绝灾祸的萌生，则是完全可以的。

157. 言而不可复者，君不言也；行而不可再者，

君不行也。凡言而不可复，行而不可再者，有国者之大禁也。（卷三十二　管子）

译文

说一次而不可再说的话，君主就不说；做一次而不可再做的事，君主就不做。凡是不可重复的话，不可再做的事，都是君主最大的禁忌。

158. 天子之尊，四海之内，其义莫不为臣。然而养三老于大学①，举贤以自辅弼，求修正之士使直谏。故尊养三老，示孝也；立辅弼之臣者，恐骄也；置直谏之士者，恐不得闻其过也。（卷十七　汉书五）

注释

①养三老于大学：三老，古代设三老五更之位，天子以父兄之礼养之。大学，即太学，我国古代设于京城的最高学府。大 tài，“太”的古字。

译文

以天子的尊贵，在全国之内，按道理来说，没有人不是他的臣子。然而天子还在太学（以尊敬父亲之礼）

奉养三老，选拔贤能之人作为自己的辅佐，访求修身正行之人（让他们）直言规谏。所以尊养三老，是显示孝道；设立辅助之臣，是担心自己骄纵；设置直言劝谏的官员，是担心听不到自己的过失。

159. 夫为政者，轻一失而不矜[①]之，犹乘无辖[②]之车，安其少进，而不睹其顿踬之患也。夫车之患近，故无不睹焉；国之患远，故无不忽焉。知其体者，夕惕若厉[③]，慎其愆[④]矣。（卷四十七　刘廙政论）

注释

①矜：谨守，慎重。

②辖 xiá：车轴两头的金属键，用以挡住车轮，不使脱落。

③夕惕若厉：朝夕戒惧，如临危境，不敢稍懈。若，如。厉，危。

④愆：过错，罪过。

译文

治理政事的人，轻忽一个错误而不慎重对待，就犹如乘坐没有车轴两头金属键的车子，满足于少许的前进，而看不到颠仆的祸患。车子的祸患很近，所以谁都看得到；国家的祸患很远，所以人们就都疏忽了。了解了这种情形，就会终日朝夕戒惧，如临危境，时刻谨慎，不敢犯丝毫错误。

九　交友

160. 方[1]以类聚，物以群分，吉凶生矣。方有类，物有群，则有同有异，有聚有分也。顺其所同则吉，乖其所趣则凶，故吉凶生矣。（卷一　周易）

注释

①方：品类。

译文

天下人各行其道而以类聚集，物各有其群而以类相分，(同于善、同于君子的就吉，同于恶同于小人的就凶，这样)，吉祥与凶险也就产生了。

161. 孔子曰："居而得贤友，福之次[1]也。"（卷四十六　中论）

注释

①次：泛指所在之处。

译文

孔子说："所居之处有贤德之人为友，这是福气之所在。"

162. 夫人虽有性质美[①]而心辨智[②]，必求贤师而事之，择贤友而友之。得贤师而事之，则所闻者尧舜禹汤之道也；得良友而友之，则所见者忠信敬让之行也。身日进于仁义而不自知者，靡[③]使然也。（卷三十八　孙卿子）

注释

①质美：纯朴美善。

②辨智：明辨事理，有才智。

③靡：引申为潜移默化，沾染。

译文

人虽然有纯朴美好的禀性和清醒明白的智慧，但一定要选择贤师学习，选择善友而交往。得到贤师而去学习，则所见闻的都是尧舜禹汤的圣王之道；得到善友而交往，则所见闻的都是忠诚信实恭敬礼让之善行。自身日益进步于仁义之道而自己并不觉知，这就是因为潜移默化的影响使其如此。

163. 人之交士也，仁爱笃恕、谦逊敬让，忠诚发乎内，信效着乎外，流言无所受，爱憎无所偏，幽闲[①]攻人之短，会友述人之长。有负我者，我又加厚焉；有疑我者，我又加信焉。患难必相及，行潜德而不有，立潜功而不名。孜孜为此，以没其身，恶有与此人交而憎之者也？（卷四十五　昌言）

注释

①闲：防止；限制。

译文

人与人交往，要做到仁爱、宽恕、谦逊、礼让，忠诚发自内心，信用显扬于外，不听信流言蜚语，爱憎没有偏私，私下相处谨防指责别人短处，聚会多说别人长处。有负于我的人，我对他更加宽厚；怀疑我的人，我对他更加诚信。别人有祸患灾难一定相帮，暗中施恩于人而不图回报，暗中成就好事而不求人知。勤勉不懈于此，终身不改，哪有与这样的人结交还憎恶他的呢？

十　学问

164. 今人皆知砺其剑，而弗知砺其身。夫学，身之砺砥[①]也。（卷三十六　尸子）

注释

①砺砥：磨砺。本为磨刀石。粗者为砺，细者为砥。

译文

现在的人们都知道磨砺自己的剑，却不知磨砺自己的身心。修学，就是对自己身心的磨砺。

165. 君子博学，而日三省[①]乎己，则知[②]明而行无过矣。故不登高山，不知天之高也；不临[③]深溪，不知地之厚也；不问先王[④]之遗言[⑤]，不知学问之大也。（卷三十八　孙卿子）

注释

①省 xǐng：反省；检查。

②知：同“智”。聪明；智慧。

③临：由上看下，居高面低。

④先王：指上古贤明君王。

⑤遗言：犹古训。

译文

君子要广泛学习圣贤教诲，而且要（效法曾子那样）每日多次反省自己的身心行为有无过错，（照这样下去）就能够成为一个智慧明达而行为没有过失的人了。所以不登上高山，就不知道天有多高；不俯视深谷，就不会知道地有多厚；没有听闻古圣先王的教诲，就不知道圣贤学问之道的博大。

166. 古之学者耕且养，三年而通一艺，存其大体①，玩②经文而已。是故用日约③少而蓄德④多，三十而五经立也。（卷十四　汉书二）

注释

①大体：重要的义理。

②玩：反复体会。

③约：少，省减，简约。

④蓄德：修积德行。

译文

古代的学者一面耕作劳动，一面修养自己的品德学问，三年通晓一部经，一般是掌握其中的要义，反复体会经文罢了。所以花费的时间少而蓄养的德行却多，到三十岁就能通达五经了。

167. 君子既学之，患其不博也；既博之，患其不习[①]也；既习之，患其不知[②]也；既知之，患其不能行也；既能行之，患其不能以让也。君子之学，致此五者而已矣。（卷三十五　曾子）

注释

①习：复习。

②知：省悟。这里指理解。

译文

君子学习圣贤教诲后，唯恐自己所学不渊博；所学的教诲渊博了，唯恐自己不能时时温习；已经温习了，唯恐自己不能够理解；已经理解了，唯恐自己不能按照道理去落实；已经按照道理落实了，又唯恐自己做不到谦虚退让。君子求学，若能做到这五个方面就行了。

十一　有恒

168.《彖》曰：天地之道，恒久而不已也。得其所久，故不已也。日月得天而能久照，四时变化而能久成，圣人久于其道，而天下化成。言各得所恒，故皆能久长也。观其所恒，而天地万物之情可见矣。天地万物之情，见于所恒也。（卷一　周易）

译文

《彖传》说：天地的运行规律是永恒运行，没有停息。日月得到天的承载，而能长久照耀天下；四季往复变化，所以能永久生成万物；圣人长久地推行其道义，所以能教化天下以成盛世。观察其所以恒久之理，天地万物的情况便可以知道了。

169. 圣人贵恒，恒者德之固也[①]。圣人久于其道，而天下化成[②]。未有不恒而可以成德，无德而可以持久者也。（卷五十　袁子正书）

注释

①恒者德之固也：出自《易经·系辞传下》。

②圣人久于其道而天下化成：出自《易经·恒卦》。

译文

圣人贵有恒，有恒方能使德行坚固。圣人长久坚持德教，天下的教化才可成功。没有不长久坚持而可以成就德教的，也没有无德而可以长治久安的。

170. 夫节士[①]不能使人敬之，而志不可夺[②]也；不能使人不憎之，而道不可屈也；不能令人不辱之，而荣在我也；不能令人不摈[③]之，而操之不可改也。（卷五十　抱朴子）

注释

①节士：有节操的人。

②夺：用强力使之动摇、改变。亦谓由于强力而动摇、改变。

③摈 bìn：排斥；弃绝。

译文

有节操的人，不能勉强人尊敬自己，但他的志向不会受强迫而动摇；不能使人不厌恶自己，但他的道德准绳不会被折服；不能令人不侮辱自己，但人格的尊荣永远保存在自身；不能令人不排斥自己，但他的节操始终不变。

十二　处世

171. 君子体仁，足以长人；嘉[①]会，足以合礼；利物，足以和义；贞固，足以干事。（卷一　周易）

注释

①嘉：善，美好。

译文

君子体察并践行仁道，就足以领导众人；把美好的事物汇集到一起，就足以合乎礼了；施利于他物，就合乎道义；坚守正道，就可以办好事务。

172. 子谓子产，有君子之道四焉。子产，公孙侨也。其行己也恭，其事上也敬，其养民也惠，其使民也义。（卷九　论语）

译文

孔子评论子产，说："他有四种德行，皆是君子之道：

他自己做人很谦恭，他事奉君主能敬其事，他用恩惠养民，他使用民众（为公家之事服务）能得其宜。”

173. 子曰：“同声相应，同气相求，水流湿，火就燥，云从龙，风从虎，圣人作而万物睹。”（卷一　周易）

译文

孔子说：“这是比喻同样的声音能够产生共鸣，同样的气味会相互交感，水总是流到湿地上，火总是先烧干燥处，龙吟然后景云就会腾升，虎啸之处就会有谷风相随，圣人兴起，万民都来仰望他、亲近他，接受他的引导和教化。”

174. 艮，君子以思不出其位。各止其所。不侵官也。（卷一　周易）

译文

艮卦，君子（体察此卦的现象，而抑制内心欲望）所思所虑不超越其身分（安守本分，尊重主事者职权）。

175. 贵而下贱，则众弗恶也；富能分贫，则穷乏士弗恶也；智而教愚，则童蒙者不恶也。（卷八 韩诗外传）

译文

地位高的人能够谦虚对待地位低的人，那么众人就不会厌恶他；有钱的人能经常接济贫穷的人，那么贫穷的人就不会厌恶他；有智慧的人能够教导愚昧的人，那么愚昧的人就不会厌恶他。

176. 孔子曰：“以富贵而下人，何人不与？以富贵而爱人，何人不亲？发言不逆，可谓知言矣。”（卷十 孔子家语）

译文

孔子说：“身处富贵而能待人谦下，这样的人谁不喜欢和他在一起呢？身处富贵而真心关爱他人，又有谁不愿亲近他呢？说话不违背事理人情，可以说是会说话的人了。”

177. 一朝之忿，忘其身以及其亲，非惑与？（卷

九　论语）

译文

难忍一时之怒，便忘记了自身的安危和父母家人的祸福所系，不是太糊涂了吗?

178. 故有理而无益于治者，君子不言；有能而无益于事者，君子弗为。君子非乐有言，有益于治，不得不言；君子非乐有为，有益于事，不得不为。（卷三十七　尹文子）

译文

自己的想法虽有道理，但对治理国家没有益处的，君子绝对不说；自己虽有能力，但对成就事业没有好处的，君子也绝不去做。君子并不喜欢多话，因为对治理国家有好处，所以不得不谏言；君子并不喜欢多事，因为对成就事业有好处，所以不得不去做。

肆　为政

一　务本

179. 楚庄王[①]问詹何曰："治国奈何？"詹何盖隐者也。詹何对曰："何（本书何作臣）明于治身，而不明于治国也。"楚王曰："寡人得奉宗庙[②]社稷[③]，愿学所以守之。"詹何对曰："臣未尝闻身治而国乱者也，又未尝闻身乱而国治者也。故本在身，不敢对以末。"楚王曰："善。"（卷三十四　列子）

注释

①楚庄王：又称荆庄王。楚穆王之子，春秋五霸之一。

②宗庙：祭祀祖宗的屋舍。

③社稷：社，土地神。稷，谷神。土地与谷物是国家的根本，古代立国必先祭社稷之神，后"社稷"成为国家的代称。

译文

楚庄王问詹何说："请问该如何治理国家？"詹何回答说："我只明白修身的道理，不明白治国的道理。"楚王说："寡人得以供奉宗庙、掌管国家，希望学到保住它的方法。”詹何回答说：“我不曾听说君主自身修养很好而国家却混乱的，也不曾听说君主自身修养不好而国家却大治的，所以治国的根本在于君主自身的修养，至于别的细枝末节我就不敢跟您讲了。”楚王说：“你讲得很好。”

180. 民心莫不有治道，至于用之则异矣。或用乎人，或用乎己。用乎己者，谓之务本；用乎人者，谓之追（追作近，下同）末。君子之治之也，先务其本，故德建而怨寡；小人之治之也，先追其末，故功废而仇多。（卷四十六　中论）

译文

每个人心里都有治理的措施，至于怎样使用，就各不相同了。有人用于修治他人，有人用于修治自己。用于治己，叫作务本；用于治人，叫作逐末。君子处理事情，首先是先致力于根本（治己），所以能够建立德行、功业而很少与人结怨；小人处理事情是先追求末节（治人），所以不能建立功业且有很多怨仇。

181. 治之本务，在于安民。安民之本，在于足

用。足用之本，在于勿夺时。勿夺时之本，在于省事。省事之本，在于节欲。节欲之本，在于反性。（卷四十一　淮南子）

译文

治理国家的根本，在于使百姓安定。安定百姓的根本，在于使百姓衣食丰足。百姓衣食丰足的根本，在于不使其失去农时。不使百姓失去农时的根本，在于减少徭役。减少徭役的根本，在于君主节制物欲。节制物欲的根本，在于返归其清净无欲的天性。

182. 能成霸王者，必得胜者也。能胜敌者，必强者也。能强者，必用人力者也。能用人力者，必得人心者也。能得人心者，必自得[①]者也。能自得者，必柔弱者也。（卷三十五　文子）

注释

①自得：自得其道。

译文

老子说："能成就霸业的人，一定是获得胜利的人。能胜敌的人，一定是强者。能成为强者的人，一定是能运用别人力量的人。能运用别人力量的人，一定是赢得人心的人。能够赢得人心的人，一定是符合道义的人。符合道义的人，一定是心地柔和谦顺的人。”

183. 圣王宣德流化[①]，必自近始。朝廷不备，难以言治；左右不正，难以化远。（卷十九　汉书七）

注释

①流化：流布教化。

译文

圣王宣扬仁德推行教化，必然要从身边近处开始。朝廷还不具备德义，难以谈治理好天下；左右的臣子不够端正，难以使教化远播。

184. 凡为天下治国家，必务其本也。务本莫贵于孝。人主孝，则名章荣，天下誉。誉，乐。人臣孝，则事君忠，处官廉，临难死。士民孝，则耕芸疾，守战固，不疲北。夫执一术而百喜至，百邪去，天下从者，其唯孝乎！（卷三十九　吕氏春秋）

译文

大凡人君统治天下、治理国家，一定要致力于根本。致力于根本，没有比孝更重要的。君主孝敬父母，名声就显扬荣耀，天下就安乐。臣子孝敬父母，事奉国君就会忠诚尽责，居官就会清正廉洁，临难就能拼死效命。士人和百姓孝敬父母，耕种便会努力，守卫作战则能意志坚定，不会败逃。掌握一种方法而能使百善皆至，百邪皆去，天下顺从，这种方法大概只有孝道了！

185. 治之本仁义也，其末，法度也。先本后末，谓之君子；先末后本，谓之小人。法之生也，以辅义。重法弃义，是贵其冠履，而忘其头足也。（卷三十五　文子）

译文

治国的根本是推行仁义，其次才是施行法度。以根本为先、以枝节为后的人，称为君子；以枝节为先、以根本为后的人，称为俗人。法律的产生，是为了辅助道义的推行。如果重视法律而抛弃仁义，这如同重视帽子和鞋子，却忘记了自己的头和脚。

186. 政以得贤为本，理[①]以去秽[②]为务。（卷二十三　后汉书三）

注释

①理：治理，整理。

②秽：恶人，丑类。

译文

为政以得到贤能之人为根本，治国以去除奸邪之人为要务。

187. 有乱君，无乱国；有治人[①]，无治法。羿之法未亡也，而羿不世中；禹之法犹存，而夏不世王。故法不能独立，得其人则存，失其人则亡。法者，治之端[②]也；君子者，法之源也。故有君子，则法虽省，足以遍矣；无君子，则法虽具，足以乱矣。故明主急得其人，而暗主急得其势。急得其人，则身逸而国治，功大而名美；急得其势，则身劳而国乱，功废而名辱。（卷三十八　孙卿子）

注释

①治人：指能治理国家的人才。

②端：开始。

译文

有造成国家混乱的昏君，没有本来就混乱的国家。有能治理好国家的人才，没有不需人治就可以使国家安定的方法。后羿的射法没有亡失，但后羿不能让世世代代的人都百发百中；禹王的治国之法仍然存在，但夏朝不能世世代代称王天下。所以治国之法不能独自存在，得到了能施行的人才能存在，失去了能施行的人就亡失了。治国之法，是治理国家的开端；君子，是治国之法的本源。所以有君子，则法令虽然简略，也足够治理好一切；没有君子，即使法令非常完备，也足以使得社会混乱。所以贤明的君主急于得到能治国的君子，而昏庸的君主急于得到权势。急于得到能治国的君子，于是自身安逸而国家大治，功业伟大而且声名美好；急于得到权势，就会身劳心累而国家混乱，功业毁坏而且名声败坏。

188. 君之所慎者四：一曰大位（位作德）不至仁，不可授国柄；二曰见贤不能让，不可与尊位；三曰罚避亲贵，不可使主兵；四曰不好本事，务地利，而轻赋敛，不可与都邑。此四务者，安危之本也。（卷

三十二 管子）

译文

君主所应谨慎对待的问题有四个：一是标榜道德但却做不到仁，这样的人不可授予国家大权；二是见到贤者而不能谦让，这样的人不可赐予高贵的爵位；三是执行刑罚时却避开亲戚、权贵，这样的人不可让他统率军队；四是不重视农业、不注重地利，而随意征收赋税，这样的人不可让他担任地方长官。这四条要务是国家安危的根本。

189. 食者民之本也，民者国之本也，国者君之本也。（卷四十一 淮南子）

译文

粮食，是人民生存的根本；人民，是国家存在的根本；国家，是君主立身的根本。

190. 夫君尊严而威，高远而危；民者卑贱而恭，愚弱而神。恶之则国亡，爱之则国存。御民者必明此要。（卷四十八 体论）

译文

为君者，尽管庄重严肃而威慑天下，但是却居高处远而充满危险；为民者，虽然地位卑下而对人恭顺，愚钝软弱却有难以预测的力量。君主不尊重百姓，国家就会灭亡；君主爱护百姓，国家就会生存发展。治理民众的人一定要明白这个道理。

191. 案①今年计，子弟杀父兄，妻杀夫者，凡二百二十二人。臣愚以为此非小变也。今左右不忧此，乃欲发兵报纤介②之忿于远夷，殆③孔子所谓“吾恐季孙之忧，不在颛臾，而在萧墙之内者也④”。（卷十九　汉书七）

注释

①案：通“按”，依据，按照。

②纤介：细微。

③殆：大概。

④吾恐季孙之忧，不在颛臾，而在萧墙之内：颛臾，鲁国的附庸国。萧墙，古代宫室内作为屏障的矮墙。借指内部。萧，通“肃”。此处引用《论语·季氏》中，冉有、子路向孔子报告季氏将伐颛臾，孔子的答话。

译文

据今年的统计，子弟杀死父兄、妻子杀死丈夫的事情，就有二百二十二人，我认为这不是小变故啊。现在在皇帝身边的臣子不忧虑这样的情况，却打算发兵报复边远地方微小的怨恨，这大概就是孔子所说的“我恐怕季孙氏的忧患不在颛臾，而在自己内部”的道理吧。

192. 夫用天之道，分地之利，六畜生于时，百物取于野，此富国之本也……故为政者，明督工商，勿使淫伪；困辱游业[①]，勿使擅利；宽假[②]本农，而宠遂[③]学士。则民富而国平矣。（卷四十四　潜夫论）

注释

①游业：流动的职业。如行商等。

②宽假：宽容；宽纵。

③宠遂：使之尊荣显达。

译文

利用自然的时节，分清土地的高下优劣（加以利用），各种牲畜的生长符合时令，万物收获于田野，这就是使国家富强的根本……因此执政者应明确监督工匠与商人，不要让他们弄虚作假；限制贬低商业等流动的行业，不要让他们独占利益；宽待务农之人，使博通圣贤学问之士尊贵荣显。这样，就会使百姓富足、国家太平了。

二　知人

193. 咎繇曰："都！亦[①]行有九德。言人性行有九德，以考察真伪，则可知也。宽而栗[②]，性宽宏而能庄栗也。柔而立，和柔而能立事。愿[③]而恭，悫愿而恭恪也。乱[④]而敬，乱，治也。有治而能谨敬也。扰[⑤]而毅，扰，顺也。致果为毅也。直而温，行正直而气温和也。简[⑥]而廉[⑦]，性简大而有廉隅也。刚而塞[⑧]，刚断而实塞也。强而义。无所屈挠，动必合义。彰厥有常[⑨]，吉哉。"彰，明也。吉，善也。明九德之常，以择人而官之，则政之善也。（卷二　尚书）

注释

①亦：助词，无义。

②栗：庄敬，严肃。

③愿：质朴；恭谨。

④乱：治，治理。

⑤扰：安抚，和顺。

⑥简：简易，不苛求小节。

⑦廉：廉隅，棱角。比喻端方不苟的行为、品性。

⑧塞 sè：笃实。

⑨常：规律，通例。这里指道德标准。

译文

咎繇说："啊！人的德行有九种类型：一是秉性宽宏而不失庄敬有度；二是性格柔和而能建功立业；三是老实忠厚而又谦恭严肃；四是精于治事而又恭谨敬慎；五是为人柔顺而能勇敢有为；六是言行正直而又态度温和；七是性情平易而有操守；八是性格刚断而笃实稳健；九是坚强不屈而所作所为又都能够合乎道义。表彰符合这九种道德标准的人，天下就会吉祥！"

194. 故论人之道：贵即观其所举，富即观其所施，穷则观其所不受，贱即观其所不为。视其所患难，以知其勇；动以喜乐，以观其守；委以货财，以观其仁；振①以恐惧，以观其节。如此即人情②得矣。（卷三十五　文子）

注释

①振：通"震"。震慑。

②情：实情。

译文

所以评价人的方法是：高贵的人要看他所推举的是什么人，富有的人要看他所施与的是什么人，贫穷的人要看他不接受什么，地位低下的人要看他不做什么。观察他在困难面前的举动，来了解他勇敢的程度；用欢乐之事触动他，来了解他的操守；把财物交给他，来考察他的仁德；用恐惧震慑他，来了解他的气节。这样就可以知道他的真实情况了。

三 任使

195. 正臣进者，治之表也；正臣陷者，乱之机[1]也。（卷十五 汉书三）

注释

①机：先兆，征兆。

译文

忠正之臣得到任用，这是治世的表现；忠正之臣遭到陷害，那就是混乱的先兆。

196. 故夫处[1]天下之大道而智不穷，兴天下之大业而虑不竭，统齐群言之类而口不劳，兼听古今之辨而志不倦者，其唯用贤乎。（卷五十 袁子正书）

注释

①处：定夺；决断。

译文

所以定夺天下的重大决策而智慧不会穷尽，兴办天下的大业而思想不会枯竭，统一百家之言而口舌不会劳累，兼听古今言论而心志不会疲倦，只有使用贤才这一个办法。

197. 古之圣王，所以潜处[①]重闱[②]之内而知万里之情，垂拱[③]衽席[④]之上而明照八极[⑤]之际者，任贤之功也。（卷二十八　吴志下）

注释

①潜处：深居。

②重闱：重重宫门，指深宫。

③垂拱：垂衣拱手，不亲理事务。多指帝王的无为而治。

④衽 rèn 席：床褥与莞簟 guāndiàn，引申为寝处之所。衽，卧席，指床褥。

⑤八极：八方极远之地。

译文

古代的圣王之所以居住在深宫之内，就知道万里之外的事情；垂衣拱手安坐在衽席之上，而能明察八方最远地区的情况，是因为任用贤才的结果。

198. 遭良吏，则皆怀忠信而履仁厚；遇恶吏，则皆怀奸邪而行浅薄。忠厚积则致太平，奸薄积则致危亡。（卷四十四　潜夫论）

译文

百姓遇到好的官吏，就会心怀忠信而品行仁厚；碰到不良官吏，就会心怀奸邪而行为浅薄。积累忠信仁厚就会实现天下太平，积累奸邪刻薄就会导致天下危亡。

199. 贤主必自知士，故士尽力竭智，直言交争[①]，而不辞其患。士为知己者死，故尽力竭智，何患之辞也。（卷三十九　吕氏春秋）

注释

①交争：交相谏诤。

译文

贤主之所以成为贤主，一定是由于能赏识和任用贤士，这样贤者就能竭尽心力和智慧，直言相谏，也不怕招来祸患。

200. 非独臣有不尽忠，亦主有不能使也。百里奚愚于虞，而智于秦；豫让苟容中行，而著节[①]智伯。斯则古人之明验矣。（卷二十五　魏志上）

注释

①著节：彰显其节操。

译文

（治国成效不彰）不仅仅是因为臣子不尽忠，君主不善用人也是原因之一。百里奚在虞国时显得愚钝，在秦国时显得很有智慧；豫让在中行氏手下只是苟且容身，而在智伯手下却显示出他的节操。这都是古人中很明显的例证。

201. 圣主者，举贤以立功，不肖主举其所与同。（卷四十一　淮南子）

译文

圣明的君主任用贤人来建立功业，不贤的君主只任用习气爱好与他类同的人。

202. 明主任人之道专，致人之道博。任人道专，故邪不得间[1]。致人之道博，故下无所壅。任人之道不专，则谗说起而异心生。致人之道不博，则殊涂塞而良材屈。（卷四十九　傅子）

注释

①间 jiàn：挑拨离间，使人不和。

译文

明智的君主，用人之道专一，招揽人才的途径宽广。用人之道专一，所以邪恶之徒不能离间。招揽人才的途径宽广，进才之路才不会被壅塞。用人之道不专一，谗言就会出现，异心就会产生。招揽人才的途径不宽广，则各条管道都会堵塞，而人才也会被埋没。

203. 选举莫取有名，名如画地作饼，不可啖[1]。（卷二十六　魏志下）

注释

①啖 dàn：吃。

译文

选拔人才时不要只知道选取有名气的人。名气如同画在地上的饼，是不能吃的。

204. 故构[①]大厦者，先择匠，然后简材；治国家者，先择佐[②]，然后定民。（卷四十九　傅子）

注释

①构：架屋；营造。

②佐：辅佐的大臣。

译文

所以，建筑大厦的人，必先选择工匠，然后准备材料；治国的君主，须先选择良臣，然后才能治理好百姓。

205. 柔远[①]和迩[②]，莫大宁民[③]。宁民之务，莫重用贤。用贤之道，必存[④]考黜[⑤]。（卷二十三　后汉书三）

注释

①柔远：安抚远人或远方邦国。

②迩：近。

③宁民：安民，使人民安定。

④存：立；设置。

⑤考黜：按一定标准考核以确定官吏的升降。

译文

安抚远方和睦近处，再没有比使人民安定更重大的了。使人民安定的关键，没有比任用贤人更重要的了。任用贤者的办法，是一定要设立考核与罢免的制度。

206. 治乱荣辱之端，在所信任。所信任既贤，在于坚固而不移。（卷十五　汉书三）

译文

安定与动乱、荣誉与耻辱的发端，就在于君主所相信并任用的人。所信任的人已经是贤才了，那就要坚信他而不动摇。

207. 昔之狱官，唯贤是任，故民无冤枉。升泰[①]之祚，实由此兴。（卷二十七　吴志上）

注释

①升泰：《三国志》通行本作“休泰”。升泰，太平安宁。休泰，安好、安宁。

译文

从前主持刑狱的官员，只有贤能之人才可担任，所以百姓没有冤屈。安宁太平的福运，其实是由此兴起的。

208. 耳不知清浊[①]之分者，不可令调音；心不知治乱之源者，不可令制法度（无度字）。（卷四十一 淮南子）

注释

①清浊：音乐的清音与浊音。

译文

耳朵不能分辨清浊声调的人，不可以让他调整音律；心里不懂治乱根源的人，不可以让他制定法令。

209. 是故有大略[①]者，不可责[②]以捷巧；有小智者，

不可任以大功[3]。（卷四十一　淮南子）

注释

①大略：远大的谋略。略，谋略、智谋。

②责：要求，期望。

③功：事情，事业。

译文

有雄才大略的人，不能苛求他们敏捷和灵巧；有小小才智者，不可委任他们去做大事业。

四　至公

210. 先圣王之治天下也，必先公，公则天下平。平，和。（卷三十九　吕氏春秋）

译文

从前圣王治理天下，一定要把公正无私放在首位，处事公正无私，则天下太平安和。

211. 见人有善，如己有善；见人有过，如己有过。天无私于物，地无私于物，袭①此行者，谓之天子。（卷三十六　尸子）

注释

①袭：继承，沿袭。

译文

见到别人有善行，就像自己有善行一样；见到别人有过错，就如同自己有过错一样。天对万物无私无求，地对万物也无私无求，能秉承天地这种无私行为的人，才称之为天子。

五　纲纪

212. 先王之政：一曰承天，二曰正身，三曰任贤，四曰恤民，五曰明制，六曰立业。承天惟允，正身惟恒，任贤惟固，恤民惟勤[1]，明制惟典[2]，立业惟敦，是谓政体。（卷四十六　申鉴）

注释

①勤：尽心尽力，无所吝惜。

②典：常道。

译文

古圣先王的政治：一是顺应自然规律，二是自己端正自身以身作则，三是任用贤德之人，四是体察民情，五是制定合理的法律制度，六是成就国泰民安的事业。忠诚信实地遵循天道，坚持不懈地修正自己，坚定不移地任用贤明，尽心尽力地体恤民情，依照常道来制定律法，敦厚笃实地建立功业，这就是古圣先王为政的要领。

213. 武王问太公曰："吾欲以一言与身相终，再言与天地相永，三言为诸侯雄，四言为海内宗[①]，五言传之天下无穷，可得闻乎？"太公曰："一言与身相终者，内宽而外仁也；再言与天地相永者，是言行相副，若天地无私也；三言为诸侯雄者，是敬贤用谏，谦下于士也；四言为海内宗者，敬接不肖，无贫富，无贵贱，无善恶，无憎爱也；五言传之天下无穷者，通于否泰[②]，顺时[③]容养也。"（卷三十一　阴谋）

注释

①宗：指宗主。

②否泰：《易》的两个卦名。天地交，万物通谓之"泰"；不交，闭塞谓之"否"。后常以指世事的盛衰，命运的顺逆。

③顺时：顺应时宜；适时。

译文

武王问太公："我希望能有一句话使我终身铭记，第二句话能与天地长存，第三句话能使我成为诸侯中的杰出者，第四句话能使我成为天下的宗主，第五句话可以将天下代代相传无有穷尽，我可以听您讲讲吗？"太公说："第一句可以使您终身铭记的话，就是要内心宽宏，对外仁爱；第二句可以与天地共存的话，就是要言行相符，像天地那样公正无私；第三句可以让您成为诸侯中杰出者的话，就是要尊敬贤者，虚心纳谏，还要谦卑地礼待士人；第四句让您可以成为天下宗主的话，就是要恭敬谨慎地对待不肖之人，不分贫富、贵贱、善恶、爱憎；第五句可以使您将天下代代相传无有穷尽的话，就是要通达吉凶盛衰的规律，顺应时宜，包容天下，涵养万物。”

214. 礼节民心，乐和民声①，政以行之，刑以防之。礼乐刑政，四达②而不悖③，则王道④备矣。（卷七　礼记）

注释

①民声：民众的声音。指人民的思想感情。

②达：通行。

③悖：违背，乖谬。

④王道：古圣先王以仁义治天下的政治主张。

译文

用礼节制人们内心的欲望，用乐调和民众的思想感情，用行政的力量来推行教化，用刑罚的力量防止越轨。礼、乐、刑、政这四者都得到实现而不相违背，那么王道政治就完备了。

215. 仁者爱也，义者宜也，礼者所履也，智者术之原也。致利除害，兼爱无私，谓之仁；明是非，立可否，谓之义；进退有度，尊卑有分，谓之礼；擅杀生之柄，通壅塞之涂[①]，权轻重之数，论得失之道，使远近情伪[②]必见[③]于上，谓之术。凡此四者，治之本。（卷十八　汉书六）

注释

①涂：通“途”，道路。

②情伪：真假。

③见：“现”的古字，显现，显露。

译文

仁，就是爱人；义，就是合宜；礼，是所践行的准则；智，是策略的本原。求利除害，兼爱无私，就叫仁；明辨是非，确定可否，就叫义；进退有法度，尊卑有区别，就叫礼；拥有生杀的大权，疏通壅塞的任贤进言之路，有权衡轻重缓急的能力，能探讨事情得失的道理，使远近真伪的情况必能显现于君主，就叫策略。凡此四个方面，是治国的基础。

216. 礼以行义，信以守礼，刑以正邪。舍此三者，君将若之何？（卷四　春秋左氏传上）

译文

礼是用来推行道义的，信是用来维护礼的，刑法是用来纠正邪恶的。抛开这三者，国君将怎么办？

217. 曾子曰："先王之所以治天下者五：贵贵，贵德，贵老，敬长，慈幼。"（卷三十九　吕氏春秋）

译文

曾子说："上古贤明君王用以治理天下的方略有五个：尊重显贵之人，崇敬有德之人，敬爱老人，尊敬长者，慈爱孩童。"

218. 盖善治者，视俗而施教，察失而立防，威德[①]更兴，文武迭用，然后政调于时，而躁人[②]可定。（卷二十二　后汉书二）

注释

①威德：声威与德行；刑罚与恩惠。

②躁人：《后汉书集解》惠栋曰："《周易》云躁人之辞多。躁人，谓私议国政之人也。"

译文

善于处理政务的人，观察风俗而施行教化，考察过失而设置预防制度，刑罚与恩惠交替使用，文德教化和武备防御轮流施用，然后才能做到政治和时势相适应，而不安于本分的人才可以安定。

219. 天地之大德曰生，圣人之大宝曰位。何以守位？曰仁。何以聚人？曰财。财所以资物生也。理财正辞，禁民为非，曰义。（卷一　周易）

译文

天地最大的德性在生养万物，圣人最宝贵的在于有崇高的地位。何以保全名位？要靠"仁"。何以聚集人民？用资财。理好财物，节约用度，端正辞令，出之以理，教化民众不要为非作歹，不让他们作恶，这就是"义"。

220. 文王问师尚父曰："王人者何上何下，何取何去，何禁何止？"尚父曰："上贤下不肖，取诚信，

去诈伪，禁暴乱，止奢侈。”（卷三十一　六韬）

译文

文王问老师尚父（即太公）：“为人君者，应推崇何人，斥退何人？应选拔何人，摒弃何人？应禁止什么，防止什么？”尚父说：“应推崇有德才的人，斥退不肖之人；应选用诚实守信之人，摒弃巧诈虚伪之人；应禁止暴乱之事，制止奢侈之风。”

221.《诗》曰：“窈窕淑女，君子好仇①。”言能致其贞淑，不贰其操，情欲之感无介乎容仪，宴私②之意不形乎动静，夫然后可以配至尊而为宗庙主。此纲纪之首，王教之端也。（卷二十　汉书八）

注释

①仇：配偶。《诗经》原文为“逑”，“仇”通“逑”。

②宴私：亲昵，昵爱。

译文

《诗经·周南·关雎》篇说：“温柔娴静、品行端庄的淑女，才是君子的好配偶。”讲的是能够保持贞洁、端庄的品行，没有三心二意的行为，情欲的感触不会在容貌仪表中显露，亲昵的私情不会在举止言谈中表现。只有这样，才配得上拥有至尊地位的君主，才能负责祭祀宗庙。这是社会秩序和国家法纪的首要，也是圣王教化的开端。

222.《易》称："男正位于外，女正位于内，男女正，天地之大义也。"（卷二十五　魏志上）

译文

《周易》上说："男子主其位于外（承担家庭生计），女子主其位于内（负责相夫教子），男女各自安于自己的本分，这是天地间的大道理。"

六 教化

223. 上圣不务治民事，而务治民心。故曰："听讼[①]，吾由[②]人也，必也使无讼乎"；"导之以德，齐[③]之以礼"。民亲爱则无相害伤之意，动思义则无奸邪之心。夫若此者，非法律之所使也，非威刑之所强也，此乃教化之所致也。（卷四十四 潜夫论）

注释

①听讼：听理诉讼、审案。

②由：通"犹"。如同，好像。两段引文均出自《论语》。由，《论语》通行本作"犹"。

③齐：整饬，整治使有条理。

译文

古代的圣王不致力于管理民众的事务，而致力于治理人民的内心。所以孔子说："审理案件，我和别人是一样的，不同的是我希望通过伦理道德的教化使诉讼不再发生"；"用道德来引导百姓，用礼义来整饬百姓"。人民彼此亲爱，就不会有互相伤害的想法；行事想到道义，就不会有奸诈邪恶的念头。像这种状况，不是法律所支配的，也不是严刑所强迫的，这是教化所成就的。

224. 君子以情用，小人以刑用。荣辱者，赏罚之精华[①]也。故礼教荣辱，以加君子，治其情也；桎梏鞭朴[②]，以加小人，治其刑也。君子不犯辱，况于刑乎？小人不忌刑，况于辱乎？若夫中人之伦，则刑礼兼焉。教化之废，推中人而坠于小人之域；教化之行，引中人而纳于君子之涂[③]。是谓彰化[④]。（卷四十六　申鉴）

注释

①精华：事物中最精粹、最美好的部分。

②鞭朴 pū：用作刑具的鞭子和棍棒。亦指用鞭子或棍棒抽打。朴，通“扑”。

③涂：通“途”。

④彰化：使教化彰明。

译文

对君子要用情理（来感召），对小人则用刑罚（来威慑）。荣誉和耻辱，是对人的最好奖惩。所以，将礼仪教化和荣誉耻辱，用在君子身上，是以情理来治理；脚镣手铐鞭子棍棒，用在小人身上，是以惩治来管理。君子连受耻辱都不愿意，何况接受刑罚呢？小人连刑罚都不惧怕，何况耻辱呢？介于君子和小人之间的中等人，则要刑罚、礼教并用。如果废弃了伦理道德的教育，就会把中等之人推到小人的境地；如果施行伦理道德的教化，则可以把中等之人引导上君子的道路。这就是彰显教化。

225. 得人之道，莫如利之；利之道，莫如教（教之下有以政二字）之。（卷三十二　管子）

译文

获得人心的方法，没有比给人民以利益最好的了；让人民得到利益的方法，没有比施行教化更好的了。

226. 君子之教也，外则教之以尊其君长，内则教之以孝于其亲。是故君子之事君也，必身行之，所不安于上，则不以使下；所恶于下，则不以事上。非诸人，行诸已，非教之道也。必身行之。言恕己乃行之。是故君子之教也，必由其本，顺之至也，祭其是与，

故曰祭者教之本也已。教由孝顺生。祭而不敬，何以为也？（卷七　礼记）

译文

君子的教化，教导人们在外要尊敬君长，在家中要孝顺父母。因此君子奉事长上，一定首先身体力行，凡是上级的做法让自己感到不安的，就不以此对待下级；凡是下级做的让自己憎恶的事，也不以此来奉事上级。批评别人不该做，自己却这样做，这不合教化的道理。因此，君子的教化必须从自身的孝行做起，最顺乎情理的，大概就是祭祀吧，所以说祭祀是教化的根本。如果对祭祀产生轻慢怀疑，对故去的亲人没有心存孝敬感恩之心，何必还要去祭祀呢？

227. 古之王者，莫不以教化为大务。立大学①以教于国②，设庠序③以化于邑，渐④民以仁，摩⑤民以义，节民以礼。故其刑罚甚轻而禁不犯者，教化行而习俗美也。（卷十七　汉书五）

注释

①大 tài 学：即太学，我国古代设于京城的最高学府。大，“太”的古字。

②国：国都。

③庠序：古代的地方学校。颜师古注："庠序，教学之处也，所以养老而行礼焉。"

④渐：滋润；润泽。

⑤摩：砥砺；勉励。

译文

古代的君王，没有不把教化当作治国要务的。设立太学在国都推行教化，建立庠序（地方学校）在城邑乡镇开展教化，以仁爱惠及人民，以道义勉励人民，以礼仪节制人民。所以，刑罚虽然很轻，却没有人违犯禁令，这是因为教化施行而习俗美好的缘故。

228. 本行而不本名，责义而不责功。行莫大于孝敬，义莫大于忠信。则天下之人知所以措身矣。此教之大略也。（卷五十　袁子正书）

译文

根据行为而不根据名声，要求人合乎道义而不追求其功绩。没有比孝敬更大的德行，没有比忠信更大的道义。这样天下臣民就知道该怎么做了。这是教化百姓的概要。

229. 圣王修义之柄，礼之序，以治人情。治者，去瑕秽，养精华也。故人情者，圣王之田也。修礼以耕之，和其刚柔。陈义以种之，树以善道。讲学以耨[1]之，存是去非类也。本仁以聚之，合其所盛。播乐以安之。感动使之坚固。故治国不以礼，犹无耜[2]而耕也。无以入之也。为礼不本于义，犹耕而不种也。嘉穀无由生也。为义而不讲以学，犹种而不耨也。苗不殖。草不除。讲之以学而不合以仁，犹耨而不获也。无以知收之丰荒也。合之以仁而不安以乐，犹获而不食也。不知味之甘苦。安之以乐而不达于顺，犹食而不肥也。功不见也。（卷七 礼记）

注释

① 耨 nòu：用耨除草。喻除秽去邪。

② 耜 sì：耒下铲土的部件，初以木制，后以金属制作，可拆卸置换。一说，耒、耜为独立的两种翻土农具。

译文

圣王遵循义的根本、礼的秩序，来调治人心。因此人心是圣王耕种的土地。用修养礼仪来耕耘，用倡导道义来播种，用讲习学问（存是去非）来除草，本着仁爱之心以便天下近悦远来，用乐的教化来安定人心。因此治理国家如果不用礼，就如同没有农具而去耕田。制定礼仪规范而不以义为宗旨，就好比只耕田而不播下谷物的种子。推行道义而没有人来讲学以辨明是非，就好比只播种而不锄草。只讲学而不契合仁爱的存心，就好比虽然有人除草但也不会有好的收成。契合仁爱而不以乐的教化来安和人心，就如同虽有收成而没能享用成果。用乐教来使人心安定却不能达到和顺自然的境界，就如同享受了成果而没有得到健康。

230. 春秋入学，坐国老[①]，执酱而亲馈[②]之，所以明有孝也。行以鸾和[③]，鸾在衡。和在轼。步中采齐[④]，趍[⑤]中[⑥]肆夏[⑦]，乐诗也，步则歌之以中节。所以明有度也。其于禽兽，见其生，不食其死；闻其声，不食其肉。故远庖厨[⑧]，所以长恩，且明有仁也。（卷十六　汉书四）

注释

①国老：指告老退职的卿、大夫、士。

②亲馈：亲自奉进食物。

③鸾和：鸾与和，古代车上的两种铃子。

④采齐：即采荠，古乐曲名。一说，逸诗名。

⑤趍：同“趋”。疾行。

⑥中 zhòng：符合。

⑦肆夏：古乐章名。

⑧庖厨：厨房。

译文

太子在春、秋入学时，请国老上坐，手里捧着酱，亲自奉上，这是用来教导天下人子当尽孝道。出行时在车上配以鸾铃、和铃，步行（慢行）时符合《采齐》的节奏，疾行时则合于《肆夏》的节奏，这是用来教导天下之人凡事都要合乎礼节法度。对于禽兽，见到它们活着，就不忍心杀死它们来吃；听到它们的叫声，就不愿意去吃它们的肉。所以远离厨房，为的是增长内心的恩义，且显明人是有仁爱之心的。

231. 孔子曰："圣人之治化也，必刑政相参[①]焉。太上以德教民，而以礼齐之。其次以政导民，以刑禁之。化之弗变，导之弗从，伤义败俗，于是乎用刑矣。"（卷十　孔子家语）

注释

①相参：相互配合。

译文

孔子回答道："圣贤治理和教化民众，一定是刑罚和政令相互配合使用。最好的办法是用道德来教化民众，并用礼法加以约束。其次是用政令引导民众，并用刑罚加以禁止。如果教育之后还不能改变，引导之后还不听从，以至于违背道义而败坏风俗，在这种情况下才用刑罚来惩处。"

232. 故圣王务教化而省禁防[①]，知其不足恃也。（卷十八　汉书六）

注释

①禁防：谓禁止防范。

译文

所以圣明的君主致力于教化而减省禁防举措，知道凭借禁止、防范是靠不住的。

233. 威辟[①]既用，而苟免[②]之行兴；仁信道孚[③]，故感被之情着。苟免者，威隟[④]则奸起；感被者，人亡而思存[⑤]。（卷二十四　后汉书四）

注释

①威辟：严酷的刑法。

②苟免：苟且免罪。

③孚：信服，信从。

④隟：古同“隙”。空隙；可乘之机。

⑤思存：思念，念念不忘。存，铭记在心。

译文

严酷的刑法一经施用，以不当手段求得免罪的行为便会兴起；落实仁义道德为人信服，所以人心受到感化的效果就很显著。以不当手段希求免罪，刑法有漏洞时，奸邪之事就会发生；人心受到感化，尽管施政者已去世，人们还将他的恩德铭记在心。

234. 治国，太上养化①，其次正法②。民交让，争处卑，财利争受少，事力争就劳，日化上③而迁善④，不知其所以然，治之本也。利赏而劝善，畏刑而不敢为非，法令正于上，百姓服于下，治之末也。（卷三十五　文子）

注释

①养化：谓致力于道德教化，转变人心、风俗，使其

归于自然。

②正法：依法制裁、办理。

③化上：受君主感化。

④迁善：改过向善。

译文

治理国家，最上之策是以道德来感化，其次是依据法律治理。使民众互相谦让，争相处于卑下，面对财利争相拿少的部分，面对工作争相做劳累的事情，每天受到君王的教化，在不知不觉中逐渐向善，这是治国的根本。百姓把奖赏当作利益而勉力为善，畏惧刑罚而不敢为非作歹，君王的法令公正严明，百姓服从，这是治理国家的次要之事。

235. 圣王先德教，而后刑罚；立荣耻，而明防禁[①]；崇礼义之节，以示之；贱货利之弊[②]，以变之。则下莫不慕义节（节作礼）之荣，而恶贪乱之耻。其所由致之者，化使然也。（卷四十三　说苑）

注释

①防禁：防备禁戒。

②弊：通“币”。财物。

译文

圣王先实行德教，而后才使用刑罚；树立荣辱的标准和观念，并明示应当防止和禁戒的事项；崇尚礼义的节操，并给百姓做示范；轻视货物财利，来改变人们的贪婪。那么，臣民就没有谁不喜欢礼义节操的光荣，而厌恶贪婪淫乱的可耻。之所以能使百姓达到这样的原因，都是教化的结果。

236. 圣人之于法也已公矣，然犹身惧其未也。故曰："与其害善，宁其利淫[①]。"知刑当之难必[②]也，从而救之以化，此上古之所务也。（卷四十八　体论）

注释

①与其害善，宁其利淫：出自《周书·列传第十五》。

②难必：难以肯定。

译文

圣人治法已经很公正了，可是仍然担心尚有不公之处。所以说："与其伤害贤善之人，宁可利于有罪之人。"他们深知量刑适当与否难以肯定，于是用道德教化来补救，这是上古时期的古圣先王所致力做的事情。

237. 孔子曰："不教而诛谓之虐。"虐[①]政用于下，而欲德教之被四海，故难成也。（卷十七　汉书五）

注释

①虐：残暴，凶残。

译文

孔子说："不先对人民进行教化，而人民犯了罪就将其诛杀，这叫作暴虐。"使用暴虐的政治对待下民，却想使道德教化普及天下，所以很难成功。

238. 圣王在位，明好憎以示人（人作之），经[①]诽誉以导之，亲贤而进之，贱不肖而退之。无被疮流血之患，而有高世尊显之名，民孰不从？古者法设而不犯，刑措而不用，非可刑而不刑也，百工[②]维时，庶绩[③]咸熙[④]，礼义修而任贤得也。（卷四十一　淮南子）

注释

①经：度量；划分。

②百工：百官。

③庶绩：各种事业。

④熙：兴盛。

译文

圣明的君主居于高位，阐明好恶来昭示国人，通过对善恶行为的批评、称誉来引导人民，亲近贤人并提拔他，鄙弃不贤的人并罢免他。没有受伤流血之苦，而能够享有崇高尊显的名声，百姓谁不愿意学习效法呢？古代制定了法律却无人触犯，设置了刑罚却不施用，不是该施刑而不用刑，是因为百官都能够做好本职工作，各项事业都兴盛成功，礼义得到修治，贤德之人得到了任用。

239. 善御民者，一[①]其德法，正其百官，均齐民力，和安民心。故令不再而民顺从，刑不用而天下化治。是以天地德之，天地以为有德。而兆民怀之。怀，归。不能御民者，弃其德法，专用刑辟[②]，譬犹御马，弃其衔勒而专用棰策[③]，其不可制也必矣。（卷十　孔子家语）

注释

①一：统一。

②辟：刑罚。

③棰策：赶马的鞭杖。

译文

善于治理百姓的君王，统一道德和礼法规范，明确百官职责，协调均衡地使用民力，和顺安定民心。如此，政令不必三令五申，百姓便会顺从；不用刑罚，就能教化治理好天下。其恩德可以感通天地，亿万百姓都来归顺。不会治理百姓的君王，抛弃道德和礼法，专用刑罚惩治，就好比驾驭马匹时，抛弃嚼子和笼头，而专用鞭子鞭打，这样一来，马车失控就是必然的了。

240. 景公问晏子曰："明王之教民何若？"对曰："明其教令，而先之以行；养民不苛，而防之以刑。所求于下者，不务[①]于上；所禁于民者，不行于身。故下从其教也。称事以任民，中听[②]以禁邪，不穷[③]之以劳，不害之以罚[④]，上以爱民为法，下以相亲为义，是以天下不相违也。此明王之教民也。"（卷三十三　晏子）

注释

①不务：当作"必务"，此涉上下文诸"不"字而误。

②中听：指治狱得当。

③穷：尽，完。

④不害之以罚：不用刑罚害民。

译文

景公问晏子："英明的君主是怎样教化人的？"晏予答道："阐明教义和政令，且自己率先履行；养育人民不苛刻严厉，而用刑罚预防犯罪。要求臣民做到的，君王必须要先做到；禁止百姓做的事情，自己绝不能去做。因此，百姓就会听从其教导。估量事情的轻重来使用民力，恰当地处理诉讼来禁止邪恶；不使百姓因过度劳役而筋疲力尽，不用惩罚来伤害百姓；在上者以爱护百姓为准则，在下者以相亲相爱为道义。这样，天下之人就不会互相背离。这就是英明的君主教育百姓的方法。"

241. 夫圣人之修其身，所以御群臣也。御群臣也，所以化万民也。其法轻而易守，其礼简而易持。其求诸已也诚，其化诸人也深。（卷四十八　体论）

译文

圣人加强自身的修养，是为了领导群臣。领导群臣的目的，是为了教化百姓。圣人制定的刑法宽松而容易遵守，制定的礼制简约而容易受持。圣人凡事都真诚地要求自己，因此，对百姓的感化就很深刻。

242. 故壹野不如壹市，壹市不如壹朝，壹朝不如一用，一用不如上息欲，上息欲而下反[①]真矣。不息欲于上，而欲于下之安静，此犹纵火焚林，而索原野之不雕瘁（瘁旧作废，改之。），难矣！故明君止欲而宽下，急商而缓农，贵本而贱末，朝无蔽贤之臣，市无专利[②]之贾，国无擅山泽之民。（卷四十九　傅子）

注释

①反：同“返”。

②专利：垄断某种生产或流通以掠取厚利。

译文

所以，限定民间不如限定集市，限定集市不如限定朝廷，限定朝廷不如限定用度，限定用度不如在上者去除奢欲。在上者去除奢欲，百姓就能返璞归真。在上者不去除奢欲，却想让百姓安稳清静，这就如同纵火焚烧森林，还想使原野不凋零枯败，实在太难了！所以，英明的君主，遏制欲望，宽待百姓，对商业从严，而对农业宽松，重视农桑，不看重商业，朝廷中没有蒙蔽贤能的佞臣，集市上没有专利霸市的商人，国家没有擅自开发山泽的人民。

243. 古之圣王，举孝子而劝之事亲，尊贤良而劝之为善，发宪布令[①]以教诲，赏罚以劝沮[②]。若此则乱者可使治，而危者可使安矣。（卷三十四　墨子）

注释

①发宪布令：发号施令。

②沮：阻止，禁止。

译文

古时候圣贤的君王，推崇孝子，以劝导人们侍奉双亲；尊重贤良，以劝导人们做好事；颁布法令，来教育人民；明确赏罚，来对人民进行勉励和劝阻。照这样做，混乱的社会可使其清明，危险的局面可使其稳定。

244. 教化之流，非家至而人说之也，贤者在位，能者布职，朝廷崇礼，百僚敬让，道德之行，由内及外，自近者始，然后民知所法，迁善日进而不自知。（卷二十　汉书八）

译文

教化的普及，并不是要挨家挨户去对每个人进行说教，只要贤德的人处在正位，有才能的人安排到适合的职位，朝廷崇尚礼节，百官互相恭敬谦让，道德教化由内而外，从近处（朝廷内部）开始，然后百姓知道了效法的准则，不知不觉就会日渐改过向善。

245. 盖尧之为教，先亲后疏，自近及远，周之文王亦崇厥化。（卷二十六　魏志下）

译文

唐尧施行教化，先亲后疏，由近到远，周朝的文王也遵行这样的教化。

246. 子曰："夫民，教之以德，齐[①]之以礼，则民有格心[②]。教之以政，齐之以刑，则民有遯心[③]。格，来也。遯，逃也。故君民者，子以爱之，则民亲之；信以结之，则民不背；恭以莅之，则民有逊心。"莅，临也。逊，犹顺也。（卷七　礼记）

注释

①齐：整饬，整治使有条理。

②格心：归正之心。指向善的心。格，正，纠正。

③遯 dùn 心：逃避刑罚的心。遯，同"遁"，逃。

译文

孔子说："对待人民，要用道德来教育，用礼仪来约束，人民才会有向善的心理。如果用政令来教导，用刑罚来约束，人民就会产生逃避政令和刑罚的心。所以治理人民的人，如果能够以爱护儿女的心来爱护人民，人民就会亲附他；能够以诚信朴实来团结人民，人民就不会背叛他；能够恭恭敬敬地深入体察民情，人民就会自然生起归顺敬服之心。"

七　礼乐

247. 君子曰："礼乐不可斯须[1]去身。致[2]乐以治心，乐由中出，故治心也。致礼以治躬[3]。礼自外作，故治身也。心中斯须不和不乐，而鄙诈之心入之矣。鄙诈入之，谓利欲生也。外貌斯须不庄不敬，而慢易[4]之心入之矣。易，轻易也。故乐也者动于内者也，礼也者动于外者也。乐极则和，礼极则顺[5]。内和而外顺，则民瞻其颜色，而不与争也；望其容貌，而民不生易慢焉。"（卷七　礼记）

注释

①斯须：须臾、片刻。

②致：深远详审。

③治躬：治身，调整身体与言行。

④慢易：轻忽怠慢。

⑤乐极则和，礼极则顺：《礼记》通行本作"乐极和，礼极顺"。

译文

君子说："人不可片刻离开礼乐。深入于乐，是为了陶冶心性；深入于礼，是为了调整身体与言行。一个人的心中如果有片刻不和顺不喜乐，那么贪鄙诈伪的念头就会乘虚而入。外貌如果有片刻不庄重不恭敬，那么轻忽怠慢的念头就会趁虚而入。所以乐是调理人的内心，礼是调理人外在的行为。音乐至善能使人和畅，礼仪至善能使人恭顺。内心和畅而外貌恭顺，则人们望见他的外貌神情，就不会与他抗争；看见他的仪容风度，便不会有轻视侮慢的态度。"

248. 礼以导其志，乐以和其声，政以一其行，刑以防其奸。礼乐刑政，其极一也，所以同民心而出治道。（卷七　礼记）

译文

用礼仪引导人心，用音乐调和人情，用政令统一人们的行为，用刑罚防止人们的邪恶。礼仪、音乐、刑罚、政令，它们的最终目标是一致的，都是要使民同心（合乎道德），而实现天下大治的理想。

249. 夫礼之所兴，众之所以治也；礼之所废，众之所以乱也。（卷十　孔子家语）

译文

礼乐教化兴盛时，民众就会因此而安定；礼乐教化废弃时，民众就会因此而动乱。

250. 中国所以常制四夷者，礼义之教行也。失其所以教……则同乎禽兽矣。不唯同乎禽兽，乱将甚焉。何者？禽兽保其性然者也，人以智役力者也。智役力而无教节，是智巧日用，而相残无极也。相残无极，乱孰大焉？（卷四十九　傅子）

译文

中国能制服四夷的原因，是推行了礼义之教。丧失了礼义教化……也就和禽兽相同了。不仅是与禽兽相同，甚至比禽兽更混乱无序。为何这么说呢？这是因为禽兽保持自己的天性不变，人却是用巧智驾驭体力者。以巧智驾驭体力，而没有礼教加以节制，就会巧智日见使用，而彼此伤害无穷无尽。彼此相互伤害无穷无尽，祸乱哪有比这更大的？

251. 礼之可以为国[①]也久矣，与天地并。君令臣恭，父慈子孝，兄爱弟敬，夫和妻柔，姑[②]慈妇听[③]，礼也。（卷六　春秋左氏传下）

注释

①为国：治国。

②姑：丈夫的母亲，即婆婆。

③听：听从、顺从。

译文

晏婴回答说："礼可以用来治理国家已经（由来）很久了，可以说是和天地并兴。君王美善，臣下恭敬；父亲慈祥，儿子孝顺；哥哥友爱，弟弟恭顺；丈夫和蔼，妻子温柔；婆婆慈祥，媳妇顺从。这些都是礼的内涵。"

252. 不知礼义，不可以行法[①]。法能教不孝，不能使人孝；能刑盗者，不能使人廉（廉后无耻字）耻。（卷三十五　文子）

注释

①行法：依法度行事。

译文

百姓不知道礼义，就不能依法办事。法律能够教训不孝之人，却不能使人有孝心；能够惩治盗贼，却不能使人产生廉耻。

253. 民无廉耻，不可治也。非修礼义，廉耻不立。民不知礼义，法弗能正也。非崇善废丑，不向礼义。（卷四十一　淮南子）

译文

民众如果没有廉耻之心，就无法治理好。而不学习礼义，民众的廉耻观念就不会树立。民众不懂礼义，法律也无法使他们行为端正。不推崇善举、废除恶习，民众就不会向往礼义。

254. 子曰："礼云礼云，玉帛云乎哉？言礼非但崇此玉帛而已，所贵者乃贵其安上治民。乐云乐云，钟鼓云乎哉？"乐之所贵者，移风易俗也，非但谓钟鼓而已。（卷九　论语）

译文

孔子说："礼啊礼啊，仅是指玉帛等礼品吗？乐啊乐啊，仅是指钟鼓这些乐器吗？"（礼的可贵之处，在于能够使上位者安于其位，使下位者受到教化而各得其所。乐的可贵之处，在于能改善社会风俗。）

255. 曾子曰："夫行也者，行礼之谓也。夫礼，贵者敬焉，老者孝焉，幼者慈焉，小者友焉，贱者惠焉。此礼也。"（卷三十五　曾子）

译文

曾子说："所谓行，就是实践礼的意思。礼，就是对尊贵之人恭敬，对老人孝顺，对小孩慈爱，对年轻人友爱，对贫贱之人施与恩惠。这些都是礼的表现。"

256. 为男女之礼，妃匹[①]之合，则不淫矣。为廉耻之教，知足之分，则不盗矣。以贤制爵，令（旧令作有，改之）民德厚矣。（卷五十　袁子正书）

注释

①妃匹：指婚配之事。

译文

制定男女间的礼法、夫妻结合的规范，就没有淫乱之事了。施行廉耻的教化，使百姓知足尽分，就不会有盗窃的事了。以贤良为标准授予爵位，就会使百姓道德淳厚。

257. 圣王之自为动静周旋①，奉天承亲，临朝享臣，物②有节文③，以章人伦。盖钦翼④祇栗⑤，事天之容也；温恭敬逊，承亲之礼也；正躬严恪⑥，临众之仪也；嘉惠和说⑦，飨下之颜也。举错⑧动作，物遵其仪，故形⑨为仁义，动为法则。（卷二十　汉书八）

注释

①周旋：古代行礼时进退揖让的动作。

②物：事。

③节文：礼节、仪式。

④钦翼：恭敬谨慎。钦，尊敬，恭敬。翼，恭敬，谨肃。

⑤祇 zhī 栗：敬慎恐惧。祇，恭敬。栗，畏惧。

⑥严恪：庄严恭敬貌。

⑦和说：即“和悦”。

⑧错：通“措”。

⑨形：表现。

译文

圣王的言行举止，无论奉事上天、侍奉父母、处理政事、任用臣僚，事事都合礼节制度，以彰显人伦大道。恭敬谨慎，心存敬畏，是奉事上天的礼仪；温和恭顺、敬慎谦逊，是侍奉双亲的礼节；端庄自身，严谨恭敬，是治理百姓的威仪；和颜悦色，慈善仁惠，是对待臣下的礼仪。圣王言行举止，事事都遵循礼仪，所以表现在外的行为都合于仁义，一举一动都可作为众人的榜样。

258. 哀有哭踊[①]之节，乐有歌舞之容。正人足以副[②]其诚，邪人足以防其失。（卷十四　汉书二）

注释

①哭踊：古代丧礼仪节。亦称“擗踊”。顿足拍胸而哭，表示极大的悲哀。踊，跳。

②副：相称，符合。

译文

（古礼中）悲痛时会有边哭边顿足的礼节，高兴时会有载歌载舞的仪容。这对正直的人来说，足以与他的真诚相符；对偏邪的人来说，足以提防他的过失。

259. 乐至[1]则无怨，礼至则不争。揖让而治天下者，礼乐之谓也。至，犹达行。（卷七　礼记）

注释

①至：指通行无阻。

译文

乐教通行则人人心情舒畅而无怨恨，礼教通行则人人心存谦让而无冲突。君王只要拱手揖让之间，天下就可以无为而治，说的就是用礼与乐来治理天下。

260. 乐以治内而为同，同于和乐也。礼以修外而为异。尊卑为异。同则和亲，异则畏敬。和亲则无怨，畏敬则不争。（卷十四　汉书二）

译文

音乐能用来调治人的内心，使人的情志随着音乐一起变得安和调适；礼仪能用来修治外在行为，使人与人之间尊卑有序。内心安和人们就会和睦亲爱，尊卑有别则会使人心存敬畏。和睦亲爱就不会有怨恨，心存敬畏就不会有争斗。

261. 人君无礼，无以临[1]其一（无一字）邦；大夫无礼，官吏不恭；父子无礼，其家必凶。《诗》曰：“人而无礼，胡[2]不遄[3]死。”故礼不可去也。（卷三十三 晏子）

注释

①临：治，治理。

②胡：为什么。

③遄 chuán ：迅速。

译文

君主如果不讲礼义，就无法治理国家；大夫如果不讲礼义，底下官吏就会不恭敬；父子之间不讲礼义，家庭就必有灾殃。《诗经》中说：“人如果不遵守礼义，不如赶快去死。”所以礼不可以去掉啊！

八　爱民

262. 圣人常善救人，圣人所以常教人忠孝者，欲以救人性命也。故无弃人；使贵贱各得其所也。常善救物，圣人所以常教民顺四时者，以救万物之残伤也。故无弃物。不贱石而贵玉。（卷三十四　老子）

译文

古代的圣王在位，总是很善于（以教化）挽救人，所以没有被抛弃不管的人；总是善于利益万物并发挥其功效，所以没有被废弃的物品。

263. 天下有粟[①]，圣人食之；天下有民，圣人收之；天下有物，圣人裁之。利天下者取天下，安天下者有天下，爱天下者久天下，仁天下者化天下。（卷三十一　六韬）

注释

①粟：粮食的通称。

译文

天下的粮食，由圣人分配享用；天下的百姓，由圣人治理；天下的万物，由圣人裁处。为天下谋利益者取得天下，使天下安定者拥有天下，爱护天下百姓者可以长久地统治天下，仁德普施天下者可以化育天下。

264. 尧以不得舜为己忧，舜以不得禹、皋陶为己忧。分人以财谓之惠，教人以善谓之忠，为天下得人谓之仁。是故以天下与人易，为天下得人难。（卷三十七　孟子）

译文

尧帝以不能得到像舜这样的人而为忧虑，舜也同样，以不能得到像禹和皋陶这样的人而忧心。把财物分给别人称作惠，用好的道理教诲别人称作忠，为国家求得贤德之士称作仁。所以说，把天下让给别人容易，而为天下找到大公无私的贤能之士就难了！

265. 视民如子。见不仁者诛之，如鹰鹯之逐鸟雀也。（卷五　春秋左氏传中）

译文

把百姓看作子女一般。见到不仁者就惩治他，就像老鹰、鹞鸟追赶小鸟那样。

266. 古之贤君，饱而知人之饥，温而知人之寒，逸而知人之劳。（卷三十三　晏子）

译文

古代的贤明君主，自己吃饱时，便想到贫穷百姓的饥饿；自己穿暖时，便想到贫寒百姓的受冻；自己生活安逸时，便想到天下百姓的劳苦。

267. 故古之君人者，甚憯怛[①]于民也。国有饥者，食不重味[②]；民有寒者，而各不被[③]裘。岁丰谷登[④]，乃始悬钟鼓陈干戚[⑤]，君臣上下同心而乐之，国无哀人。（卷四十一　淮南子）

注释

①憯怛 cǎndá：忧伤，悲痛。憯，忧伤。怛，悲伤、愁苦。

②重味：两种以上菜肴。

③被：后作“披”。穿着。

④登：成熟，丰收。

⑤干戚：盾与斧。古代的两种兵器。亦为武舞所执的舞具。

译文

古时候为人君者，真正为百姓的痛苦遭遇而悲伤。国民中有挨饿的，君主吃饭时就不要第二道菜；民众中有受冻的，君主冬天就不穿裘衣。只有年终五谷丰登、百姓富足的时候，才开始悬挂起钟鼓，陈列起干戚，君臣官民同心欢乐，国内没有悲哀的人。

268. 孟子曰：“以佚道[①]使[②]民，虽劳不怨；谓教民趣农，役有常时，不使失业，当时虽劳，后获其利则逸矣。以生道杀民，虽死不怨杀者。”杀此罪人者，其意欲生人也，故虽伏罪而死，不怨杀者也。（卷三十七　孟子）

注释

①佚道：使百姓安乐之道。

②使：役使；使唤。

译文

孟子说："以谋求百姓安乐的出发点使用民力，百姓纵然劳苦也不会怨恨；以保障百姓生存的出发点处死有罪的人，罪人虽被处死也不怨恨杀他的人。"

269. 敬贤如大宾[1]，爱民如赤子。内恕情之所安，而施之海内。是以囹圄空虚，天下太平（卷十七　汉书五）

注释

①大宾：泛指国宾。

译文

尊敬贤才就像尊敬国宾一样，爱护百姓如同爱护婴儿一般。自己感到心安理得的事情，才在全国实施。因此监狱空虚，天下太平。

270. 良君养民如子，盖之如天，容之如地。民奉其君，爱之如父母，仰之如日月，敬之如神明，畏之如雷霆。（卷五　春秋左氏传中）

译文

贤良的国君养育臣民如同自己的子女，像天一样庇护百姓，像地一样容纳百姓。百姓尊奉国君，热爱他如同热爱父母，敬慕他如同敬慕日月，尊重他如同尊重神灵，畏惧他如同畏惧雷霆。

271. 乐民之乐者，人亦乐其乐；忧人之忧者，民亦忧其忧。乐以天下，忧以天下，然而不王者，未之有也。（卷四十二　新序）

译文

国君能以老百姓的快乐为快乐，老百姓也会以你的快乐为快乐；国君能忧老百姓所忧愁的，老百姓也会以你的忧愁为忧愁。以天下百姓的快乐为快乐，以天下百姓的忧愁为忧愁，这样还不能够称王天下，是从来没有的事啊！

九 民生

272. 民生[①]在勤，勤则不匮。（卷五 春秋左氏传中）

注释

①民生：民众的生计、生活。

译文

民生在于勤劳，勤劳则生计不会困乏。

273. 筦子[①]曰："仓廪[②]实知礼节。"民不足而可治者，自古及今，未之尝闻。（卷十四 汉书二）

注释

①筦子：即管仲。筦，同"管"。

②仓廪：贮藏米谷的仓库。

译文

管子说:“仓库里的粮食充实了，才可以教导人们懂得礼节。”人民的衣食不足而能使国家得到治理的，从古到今还没有听说过。

274. 民贫则奸邪生。贫生于不足,不足生于不农，不农则不地著[①]，不地著则离乡轻家。民如鸟兽，虽有高城深池，严法重刑，犹不能禁也。(卷十四　汉书二)

注释

①地著：定居于一地。

译文

人民贫穷，就会有奸诈邪恶的事发生。贫穷是因为物资不足，物资不足是因为人们不致力于农业生产，人们不务农就不会安居在一地，不能定居一地人们就会轻易离开家乡。(如果)百姓像鸟兽般没有固定的衣食来源，又居无定所，即使有高大的城墙和很深的护城河，有严厉的法律和刑罚，仍不能禁止他们做出种种不法行为。

275. 夫治狱者得其情，则无冤死之囚；丁[①]壮者得尽地力，则无饥馑之民；穷老者得仰食[②]仓廪，则无馁饿之殍[③]，嫁娶以时，则男女无怨旷之恨；胎养必全，则孕者无自伤之哀；新生必复[④]，则孩者无不育之累[⑤]；壮而后役，则幼者无离家之思；二毛[⑥]不戎，则老者无顿伏[⑦]之患。医药以疗其疾，宽繇以乐其业，威罚以抑其强，恩仁以济其弱，赈贷[⑧]以赡其乏。十年之后，既笄[⑨]者必盈巷；二十年之后，胜兵[⑩]者必满野矣。（卷二十五　魏志上）

注释

①丁：壮盛；强壮。

②仰食：依靠他人而得食。

③殍 piǎo：饿死的人。

④复：谓免除徭役或赋税。

⑤累：忧患。

⑥二毛：斑白的头发。常用以指老年人。

⑦顿伏：犹跌倒。

⑧赈贷：救济。

⑨笄 jī：指女子十五岁成年。

⑩胜兵：指能充当兵士参加作战的人。

译文

如果审理案件的人能获得真实的案情，那么就没有冤死的囚犯；健壮的男子能充分开发土地的潜力，那么就没有遭受灾荒的百姓；贫穷年老的人能得到国家救济的粮食，那么就没有被饿死的人；让人们按适婚年龄进行嫁娶，那么男女就不会有无妻无夫的怨恨；胎儿的养育都能保障，那么孕妇就没有自我伤感的哀叹；对有新生儿的家庭一定免除徭役，那么婴儿就没有无人养育的忧患。人到健壮后再服劳役，那么年幼的人就不会有离家的乡思；年迈的人不再从军当兵，那么老年人就不会有跌倒（在行军路上）的担忧。用医药治疗人民的疾病，宽减徭役使百姓安居乐业，用刑罚来抑制豪强，用恩惠、仁爱来帮助弱者，发放救济钱粮来供给贫乏。这样，十年之后，成年的女子必定会充满街巷；二十年之后，能够当兵参战的人必定会遍布乡野。

十　法古

276. 故为高必因丘陵，为下必因川泽，为政不因先王之法，可谓智乎？言因自然，既用力少，而成功多。是以惟仁者宜在高位，不仁而在高位，是播恶于众也。仁者能由先王之道。不仁者逆道，则播扬其恶于众人也。（卷三十七　孟子）

译文

堆高就一定要凭借本来就突起的丘陵，掘深就一定要凭借本来就低陷的川泽，而治理政事却不依据古代圣王之道，能算得上明智吗？因此，只有有仁德的人才能居于高位，如果没有仁德而又居于高位，这样就会把他的祸害传播到民众身上。

277. 昔帝尧，上世之所谓贤君也。尧王[①]天下之时，金银珠玉弗服，锦绣文绮[②]弗衣[③]，奇怪异物弗视，玩好之器弗宝，淫佚之乐弗听，宫垣[④]室屋弗崇，茅茨[⑤]之盖不剪，衣履不敝尽不更为，滋味[⑥]重累[⑦]不食，不以役作之故，留[⑧]耕种之时，削心约志，从事乎无为，其自奉[⑨]也甚薄，役赋也甚寡。故万民富乐而无饥寒之色，百姓戴[⑩]其君如日月，视其君如父母。（卷三十一　六韬）

注释

①王 wàng：统治，称王。

②文绮：华丽的丝织物。

③衣 yì：穿。

④宫垣 yuán：泛指房舍或其他建筑物的围墙。特指皇宫的围墙。垣，指墙、城墙。

⑤茅茨 cí：茅草盖的屋顶。亦指茅屋。

⑥滋味：美味。

⑦重累：犹重叠。相同的东西层层相积。形容多。

⑧留：拖延，搁置。

⑨自奉：谓自身日常生活的供养。

⑩戴：尊奉，拥戴。

译文

从前的尧帝，上古时代的人们称他是贤君。尧帝统治天下时，不佩戴金银珠玉，不穿着锦绣华美的衣服，不观赏珍贵奇异的物品，不珍藏供玩赏的宝器，不听恣纵逸乐的音乐，不修建高大的围墙和宫室，不修剪茅草覆盖的屋顶，衣服鞋子不破旧就不去更换，美味佳肴过多就不去食用，不因工役劳作的缘故而耽误百姓耕种的农时，去除私心、约束欲望，致力于无为之治。尧帝自身日常生活的供养则很微薄，征用劳役赋税也很少，所以天下万民富足安乐而没有饥寒的面色。百姓尊奉他们的君主如同日月一样，看待他们的君主如同父母一般。

278. 五德以时合散（散作教），以为民纪，古之道也。仁义勇智信，民之本，随时而施舍，为民纲纪，古之所传政道也。（卷三十三　司马法）

译文

将五德（此指仁、义、勇、智、信）适时地付诸教育，作为人民行为的准则，这是自古以来的法则。

十一　赏罚

279. 赏在于成民之生，罚在于使人无罪，是以赏罚施民而天下化矣。（卷三十一　六韬）

译文

奖赏的目的是成就人民更好的生活，刑罚的目的是使人不会犯罪。因此，以赏罚用来治理百姓，天下人心就会受感化了。

280. 善治民者，开其正道，因所好而赏之，则民乐其德也；塞其邪路，因所恶而罚之，则民畏其威矣。（卷四十九　傅子）

译文

善于治理百姓的人，开辟百姓向善的正道，顺着人好善好德的天性奖赏善人，则百姓自然欢喜地感戴其恩德；杜绝百姓行恶的邪路，顺着人厌恶邪恶的天性惩罚罪行，则百姓自然会畏惧其威严。

281. 赏一人而天下知所从，罚一人而天下知所避。明开塞之路，使百姓晓然知轨疏(疏疑迹)之所由，是以贤者不忧，知者不惧，干禄者不邪。(卷五十 袁子正书)

译文

奖赏一个人，天下人都知道以他为榜样而跟从；惩罚一个人，天下人都知道以他为教训而躲避。明确能做的和不能做的，使百姓明确地知道应该走什么样的道路，所以贤人就不担心，有才智的人就不害怕，谋求做官的人也不会走上邪路。

282. 赏足荣而罚可畏，智者知荣辱之必至。是故劝善[①]之心生，而不轨之奸息。(卷五十 袁子正书)

注释

①劝善：勉力为善。

译文

赏赐足以使民众觉得荣耀，惩罚足以让民众觉得畏惧。有才智的人知道荣耀和耻辱必会（伴随着自己善或恶的行为）到来，所以勉力为善的心就产生了，图谋不轨的念头就停息了。

283. 善赏者，费少而劝多；善罚者，刑省而奸禁。（卷三十五　文子）

译文

善于奖赏的人，花费很少而劝勉的人多；善用惩罚的人，刑罚不多而能使奸邪得以禁止。

284. 凡爵列[①]官职，赏庆[②]刑罚，皆以类相从[③]者也。一物失称[④]，乱之端也。德不称位，能不称官，赏不当功，刑不当罪，不祥莫大焉。（卷十四　汉书二）

注释

①爵列：爵位。

②赏庆：奖赏。

③以类相从：按其类别各相归属。

④失称：不相当。

译文

凡是爵位、官职、赏赐和刑罚，都要按功过的等级来相应地施与。一件事做得不恰当，就是混乱的开端。德行与爵位不相符，能力与官职不相符，赏赐与功劳不相当，刑罚与罪过不相当，没有比这样更不吉祥的了。

285. 若赏一无功，则天下饰诈矣；罚一无罪，则天下怀疑矣。是以明德慎赏，而不肯轻之；明德慎罚，而不肯忽之。（卷四十九　傅子）

译文

如果奖赏一个无功的人，天下人就会作伪欺诈；处罚一个无罪的人，天下人就会怀有疑虑。所以贤明者慎于奖赏，不肯轻易实施；慎于处罚，而不随意执行。

286. 废一善则众善衰，赏一恶则众恶多（多作归）。善者得其佑，恶者受其诛[①]，则国安而众善到矣。（卷四十　三略）

注释

①诛：惩罚；责罚。

译文

废除一桩善行，那么众多善行都会减退；奖赏一桩恶行，那么众多恶行就会增长。善人得到福佑，恶人受到诛罚，国家就会安定，各种善举就会兴起。

287. 赏不劝，谓之止善；罚不惩，谓之纵恶。（卷四十六　申鉴）

译文

奖赏起不到劝勉民众的作用，这叫作“止善”；处罚起不到警戒恶行的效果，这就叫“纵恶”。

288. 善为国者，赏不僭[①]而刑不滥。赏僭，则惧及淫人；刑滥，则及善人。若不幸而过，宁僭无滥。（卷五　春秋左氏传中）

注释

①僭 jiàn：犹过分。

译文

善于治理国家者，赏赐不过分，刑罚不滥用。赏赐过分，就怕赏及恶人；刑罚滥用，就怕伤及好人。如果不幸赏罚过当，那么宁可赏赐过分，也不可滥用刑罚。

289. 赏不遗远[1]，罚不阿[2]近，爵不可以无功取。刑不可以势贵免，此贤愚之所以佥[8]忘其身者也。（卷二十七　蜀志）

注释

①遗远：遗弃关系疏远者。

②阿：徇私，偏袒。

③佥 qiān：都；皆。

译文

奖赏时不遗漏关系疏远的人，惩罚时不袒护亲近的人，没有功劳的人不可以取得爵位，权势显贵的人也不会免掉应受的刑罚，这就是不论贤愚都能忘我为国效劳的原因。

十二　法律

290. 德教者，人君之常任也，而刑罚为之佐助焉。（卷四十五　昌言）

译文

道德教化，是人君治国的常道，而刑罚只是德教的辅助。

291. 法令者治之具，而非制治[①]清浊之源也。（卷十二　史记下）

注释

①制治：犹统治。

译文

法令是治理天下的一种工具，而不是导致政治清明或污浊的根源。

292. 古者明其仁义之誓，使民不踰。不教而杀，是虐民也。与其刑不可踰，不若义之不可踰也。闻礼义行而刑罚中[①]，未闻刑罚任（任作行）而孝悌兴也。高墙狭基，不可立也；严刑峻法，不可久也。（卷四十二　盐铁论）

注释

①中 zhòng：得当。

译文

古时候（贤明君王）宣明以仁义修身的誓约，使百姓不逾越礼义。如果不先进行教育，等到百姓犯罪就加以杀戮，这是残害百姓。与其制定刑法使百姓不敢触犯，不如提倡礼义使百姓耻于违反。只听说推行礼义，刑罚就能运用得恰当；没有听说过施行刑罚，孝悌之风就能兴盛起来的。围墙高大，地基狭窄，是不能立得住的；用严厉的刑法治理国家，是不能长久的。

293. 君不法天地，而随世俗之所善[①]以为法，故命出必乱。乱则复更为法，是以法令数变，则群邪成俗，而君沉于世，是以国不免危亡矣。（卷三十一　六韬）

注释

①善：喜好。

译文

如果君主不效法自然常道，而附和世俗的喜好来制定法令，那么这样的法令一旦颁布，必定会引起混乱。出现混乱后再更改法令，所以导致法令被屡次修改，这就使得奸邪的风气流行起来，而君主沉溺于世俗之中，因此国家就免不了危亡了。

294. 善为治者，纲举而网疏。纲举则所罗者广，网疏则小罪必漏。所罗者广，则大罪不纵，则甚泰[①]必刑。微过必漏，则为政不苛。甚泰必刑，然后犯治[②]必塞。此为治之要也。（卷三十　晋书下）

注释

①甚泰：过分。泰，同“太”。

②犯治：犯法于治世。

译文

善于治理国家的人，会抓住总纲而让法网稀疏。能够抓住总纲，那么它的涉及面就很广；法网稀疏，则小过失就得以忽略。涉及面广，则大罪不会纵容，大过必会惩罚。小过失得到忽略，那么为政就不会苛刻。大罪一定惩处，则在治世违法乱纪的行为就会被遏制。这就是治理国家的关键。

295. **一令逆者，则百令失；**君令一逆，民不从，故百令皆废也。**一恶施者，则百恶结。**一恶得施，则百恶结而相从也。（卷四十　三略）

译文

一项政令违逆人心，所有的政令就都会失去作用；一件坏事施行了，上百件坏事就会接连发生。

296. 道径众，民不知所由也；法令众，人不知所避也。故王者之制法也，昭乎如日月，故民不迷；旷乎若大路，故民不惑。幽隐远方，折乎知之；愚妇童[①]妇，咸知所避。是故法令不犯，而狱犴[②]不用也。（卷四十二　盐铁论）

注释

①童：愚昧；浅陋。

②狱犴 àn：牢狱。犴，古指乡亭牢狱。

译文

道路多了，人们就不知道该走哪一条；法令多了，百姓就不知道怎样避免触犯法禁。因此，圣明的君主制定法律，如同日月一样昭明，所以百姓不会迷惘；如同大路一样宽广，所以百姓不会疑惑。连偏僻遥远之地的人，也能清楚了解法令；愚昧无知的妇女，也都知道怎样避免犯法。因此法律和政令没人违犯，监狱也不需要使用。

十三　征伐

297. 夫文，止戈为武。文，字也。武王克商，作《颂》曰："载[①]戢[②]干戈，载櫜[③]弓矢。"戢，藏也。櫜，韬也。诗美武王能灭暴乱而息兵也。夫武禁暴，戢兵，保大，定功，安民，和众，丰财者也，此武七德也。故使子孙无忘其章[④]。著之篇章，使子孙不忘也。（卷五　春秋左氏传中）

注释

①载：语气助词。用在句首或句中，起加强语气的作用。

②戢 jí：收藏兵器。

③櫜 gāo：纳弓于弓袋。

④章：诗歌或乐曲的段落。

译文

从文字构造看，止戈二字合起来就是"武"字。周武王战胜商纣以后，周人《周颂》说："把干戈收藏起来，把弓矢装进袋子里。"所谓武，是用来禁止暴乱、止息战争、保持太平、建立功业、安定百姓、和睦万邦、丰富资财的，所以要使子孙后代不要忘记这些内容。

298. 是故百战百胜，非善之善者也；不战而屈人之兵，善之善者也。未战而敌自屈服也。（卷三十三　孙子兵法）

译文

因此，百战百胜，称不上是最高明的；不交战而使敌兵降服，才是高明中最高明的。

299. 仁人之兵，所存者神，所过者化[①]。若时雨[②]之降，莫不悦喜。故近者亲其善，远者慕其德，兵不血刃[③]，远迩[④]来服。德盛于此，施及四极[⑤]。（卷三十八　孙卿子）

注释

①化：从化；归化；归顺。

②时雨：应时的雨水。

③兵不血刃：兵器上没有沾血，谓战事顺利，未经交锋或激战而取得胜利。

④远迩：犹远近。

⑤四极：四方极远之地。

译文

仁人之兵，所驻扎的地方，能得到安定和平；所行经的地方，人们无不从化。就像应时的雨水降临，无不欢欣喜悦。所以近者敬爱他们的美善，远方仰慕他们的道德，不必交战就能胜利，远近都来归服。道德昌盛如此，就会恩泽广施至四方极远之地。

300. 圣王之用兵也，非好乐之，将以诛暴讨乱。夫以义而诛不义，若决江河而溉荧火，临不测而挤欲坠，其克之必也。（卷四十　三略）

译文

圣明的君主用兵，不是自己喜好用兵，而是用以诛灭凶暴、讨伐叛乱。以正义来讨伐不义，就像决开江河去浇灭如萤虫之火，就像在深渊的边缘去推挤将要坠落之物，其胜利是必然的。

301. 国虽大，好战必亡；天下虽平，忘战必危。（卷十八　汉书六）

译文

国家虽大，好战必亡；天下即使太平，忘战必然危殆。

302. “军旅之后，必有凶年”，言民以其愁苦之气，伤阴阳之和也。出兵虽胜，犹有后忧，恐灾害之变，因此以生。（卷十九　汉书七）

译文

“大的军事行动之后，必定会有灾荒之年”，说的就是战争给百姓带来的愁苦之气，会伤害天地阴阳的和谐。出兵即使取胜，仍然会有战后的忧患，恐怕灾害异变，会因此而发生。

伍　敬慎

一　微渐

303. 古者衣服车马，贵贱有章，以褒有德而别尊卑。今上下僭差①，人人自制，是故贪财趍②利，不畏死亡。周之所以能致治③，刑措④而不用者，以其禁邪于冥冥，绝恶于未萌也。（卷十九　汉书七）

注释

①僭 jiàn 差：僭越失度。僭，超越本分，冒用在上者的职权、名义行事。

②趍 qū：同“趋”。追求；追逐。

③致治：使国家在政治上安定清平。

④刑措：亦作“刑错”或“刑厝”，置刑法而不用。措，搁置。

译文

古代衣服车马贵贱有规章，用来褒扬有德之人而使尊卑有所区别。而今上下之间僭越失度，人人自行其是而无礼仪，于是人们贪财谋利，不惜冒生命危险。周朝之所以能达到天下大治，刑罚搁置不用，其原因就是在歪风未显露时就将其制止，在罪恶未萌生时就将其杜绝。

304. 且夫闭情[①]无欲者上也，咈心[②]消除者次之。昔帝舜藏黄金于崭岩[③]之山，抵珠玉于深川之底。及仪狄[④]献旨酒[⑤]，而禹甘之，于是疏远仪狄，纯（纯当作绝）上旨酒。此能闭情于无欲者也。（卷四十七　政要论）

注释

①闭情：闭绝欲望。

②咈 fú 心：违背心意。咈，违背；违逆。

③崭 chán 岩：高峻的山崖。元和本作“渐岩”。崭、渐此处读音均为 chán。渐，通“巉”，或作“崭”。

④仪狄：传说为夏禹时善酿酒者。

⑤旨酒：美酒。

译文

人能够做到闭情无欲可以算是上等人了，刻意违背心意消除欲求的人就要差一等了。过去舜帝让黄金埋藏在险峻的高山之上，将珠玉弃置在深川的谷底。仪狄进献美酒给大禹，大禹品尝后觉得非常甘甜，于是疏远仪狄，杜绝人们进献美酒。这就是能够自我节制而达到无欲的例子。

305. 抱朴子曰："三辰[①]蔽于天，则清景[②]暗于地；根茇[③]蹶[④]于此，则柯条[⑤]瘁于彼。道失于近，则祸及于远；政缪于上，而民困于下。"（卷五十　抱朴子）

注释

①三辰：指日、月、星。

②清景：犹清光。

③茇 bá：草木的根。

④蹶 jué：竭尽。

⑤柯条：枝条。

译文

抱朴子说："日、月、星被天上的云雾遮住了，地上的光明就会暗淡；植物的根部这里竭尽，枝条那里就会干枯。正道废失于近，则祸患及于深远；政治乖错于上，则百姓穷困于下。"

二　风俗

306. 俗之伤破人伦[①]，剧于寇贼之来，不能经（旧无经字，补之）久，其所损坏一时而已。（卷五十　抱朴子）

注释

①人伦：本于人的天性、符合伦理道德的正常的人际关系，大致为君臣、父子、夫妇、兄弟、朋友五种，故称“五伦”。

译文

世俗习惯对人伦的破坏，比外敌、强盗的入侵还要厉害，外敌的入侵不能持久，他们的损害只是一时而已。

307. 亲亲[①]以睦，友贤不弃，不遗故旧，则民德归厚矣。（卷三　毛诗）

注释

①亲亲：爱自己的亲人。

译文

君主关爱亲人来保持和睦，友爱贤者而不离弃，不忘故旧，那么百姓的品德就会回归于淳厚了。

308. 使天下皆背道而趋利，则人主之所最病[①]者。（卷二十五 魏志上）

注释

①病：忧虑。

译文

假使天下的人都违背道义去追逐利益，那便是君主所最为担忧的事了。

309. 若夫商[①]、韩[②]、孙[③]、吴[④]，知人性之贪得乐进，而不知兼济其善，于是束之以法，要之以功，使下（使下作使天下）唯力是恃，唯争是务。恃力务争，至有探汤赴火而忘其身者，好利之心独用[⑤]也。人怀

好利之心，则善端[⑥]没矣。（卷四十九　傅子）

注释

①商：商鞅。姓公孙，名鞅，战国时卫人。少好刑名法术之学，后入秦为相，受封于商。用法严苛，树敌众多，后被车裂而死。或称为“卫鞅”。

②韩：韩非。战国时韩国的诸公子之一，法家思想的集大成者。后为李斯所谮，下狱而死。

③孙：孙武。齐人，春秋时兵法家。所著《孙子兵法》被誉为“兵学圣典”。

④吴：吴起。战国时卫人。政治家、军事家。因招怨贵戚大臣，后被射死。著有《吴子》。

⑤独用：单独行世，单独使用。

⑥善端：善言善行的端始。

译文

至于商鞅、韩非、孙子、吴起，知道人有贪求财物、乐于提高地位的一面，而不知同时助长其善的一面，因此，用刑法约束，用功名鼓励，使天下人只依靠强力，只致力于争夺。依仗强力、务求争夺，以至于有人赴汤蹈火而忘记死活，都是争利之心所驱使的。人人都抱着求利之心，人善良的一面就丧失了。

三 治乱

310. 君之所审者三：一曰德不当[①]其位，二曰功不当其禄，三曰能不当其官。此三本者，治乱之原[②]也。（卷三十二 管子）

注释

①当 dāng：对等，相当。

②原：本原，根本。今字作“源”。

译文

君主所应注意的问题有三个：一是臣子的德行与他的爵位不相称，二是臣子的功劳与他的俸禄不相称，三是臣子的能力与他的官职不相称。这三个根本问题是国家安定与动乱的根源。

311. 夫世之治乱、国之安危，非由他也。俊乂[①]在官，则治道清；奸佞干政，则祸乱作。故王者任人，不可不慎也。（卷四十八 典语）

注释

①乂 yì：贤才。

译文

天下的治乱、国家的安危，不是由于其他什么原因。贤能之人做官，国家就会治理得安定太平；奸诈谄媚之人参与政事，灾祸、动乱就会发生。所以君王用人，不能不慎重。

312. 乱之初生，僭[①]始既涵[②]。僭，不信也。涵，同也。王之初生乱萌，群臣之言，信与不信，尽同之不别。乱之又生，君子信谗。君子斥在位者，信谗人言，是复乱之所生。君子信盗[③]，乱是用[④]暴。盗，谓小人。盗言孔[⑤]甘。乱是用餤[⑥]。餤，进也。（卷三　毛诗）

注释

①僭 jiàn：虚伪，不可信。

②涵：同。

③盗：指谗佞的小人。

④是用：因此。用，表示凭借或者原因。

⑤孔：甚，很。

⑥餤 tán：进食，引申为增进或加剧。

译文

追溯动乱的源头，是君王面对伪言，分不清善恶真假。动乱再次出现，那是君王听信谗言（良臣却无辜受压）。君王信任小人，才会乱象丛生。小人的甜言蜜语盛行于世，动乱终将逐步升级，直至无法收拾。

313. 政险失民，田薉[①]稼恶，籴[②]贵民饥，道路有死人，夫是之谓人妖[③]也。政令不明，举措不时，本事不理，夫是之谓人妖也。礼义不修，外内无别，男女淫乱，父子相疑，上下乖离，寇难日至，夫是之谓人妖也。三者错，无安国矣。其说甚迩，其灾甚惨。（卷三十八　孙卿子）

注释

①薉 huì：荒芜。

②籴 dí：买进谷物。

③人妖：人事方面的反常现象；人为的灾祸。

译文

政治险恶失去民心，田地荒芜收成不好，粮价昂贵百姓饥饿，路上有冻饿至死的人，这叫作人为的灾祸。政令不清明，各种举措不符合时机，对农业生产放任不管，这叫作人为的灾祸。不进行伦理道德的教化和学习，内外没有区别，男女淫乱，父子间没有信任，君臣彼此背离，内忧外患一起到来，这叫作人为的灾祸。这三种情况交错发生，国家就无法安宁了。这些道理很浅近，但这些灾难却很惨重啊。

四 鉴戒

314. 目也者，远察天际，而不能近见其眦[①]。心亦如之。君子诚知心之似目也，是以务鉴于人以观得失。（卷四十六 中论）

注释

①眦 zì：眼角，上下眼睑的接合处。

译文

人的眼睛，远望可以看到天的尽头，而近看却看不到自己的眼角。人心也是这样。君子深知人心也像眼睛一样，因此，努力以人为鉴，来了解自己的过失。

315. 古之人目短于自见，故以镜观面；智短于自知，故以道正己。目失[①]镜，则无以正须眉；身失道，则无以知迷惑。（卷四十 韩子）

注释

①失：违背；离开。

译文

古时候的人，因为眼睛不足以看见自己，所以用镜子来观察面容；因为智慧不足以认识自己，所以用道德仁义来端正自己的思想言行。眼睛失去镜子，就没有办法端正容颜；身行离开道德仁义，就无法觉察自己的迷惑。

316. 子曰："由，汝闻六言六蔽[①]乎？"对曰："未。""居[②]，吾语汝。好仁不好学，其蔽也愚；仁者爱物，不知所以裁之，则愚也。好智不好学，其蔽也荡[③]；荡，无所适守。好信不好学，其蔽也贼[④]；父子不知相为隐之辈。好直不好学，其蔽也绞[⑤]；好勇不好学，其蔽也乱；好刚不好学，其蔽也狂[⑥]。"狂，妄抵触人也。（卷九　论语）

注释

①蔽：壅蔽、覆障、弊端的意思。

②居：坐。古人铺席于地，两膝着席，臀部压在脚后跟上，谓之"坐"。

③荡：放荡无操守。

④贼：伤害。

⑤绞：急切。

⑥狂：狂妄抵触他人。

译文

孔子说："由，你听说过六种事有六种壅蔽的道理吗？"子路直起身回答说："没有。"孔子说："坐吧，我告诉你。好仁而不好学，其弊病是不分善恶，如同愚人；好智而不好学，其弊病是放荡不羁而无操守；好信而不好学，其弊病是死守信诺而伤害道义情理；好直而不好学，其弊病是急躁而好揭短；好勇而不好学，其弊病是错乱种种规矩；好刚而不好学，其弊病是狂妄而容易冒犯他人。"

317. 孔子曰："士有五：有势①尊贵者，有家富厚者，有资勇悍者，有心智慧者，有貌美好者。势尊贵，不以爱民行义理②，而反以暴傲；家富厚，不以振穷③救不足，而反以侈靡无度；资勇悍，不以卫上攻战④，而反以侵凌私斗；心智慧，不以端计数⑤，而反以事奸饰诈⑥；貌美好，不以统朝莅民⑦，而反以蛊⑧女从欲⑨。此五者，所谓士失其美质⑩也。"（卷八　韩诗

外传）

注释

①执：指权势。

②义理：合于伦理道德的行事准则。

③振穷：救助困穷的人。

④攻战：犹作战、战斗。

⑤计数：谋略。

⑥饰诈：谓作假骗人。

⑦莅民：管理百姓。

⑧蛊：诱惑，迷乱。

⑨从欲：纵欲。从，“纵”的古字。

⑩美质：美好的本质。

译文

孔子说：“士人有五类：有的权势尊贵，有的家境富裕，有的本性勇敢，有的天资聪明，有的容貌美好。权势尊贵的人，不利用他的权位去爱护百姓、依照伦理道德行事，反而利用权势暴戾傲慢、欺压百姓；家境富裕的人，不利用他的财富去救济贫穷困乏的人，反而利用财富来过奢侈糜烂、没有节制的生活；本性勇敢的人，不利用他的勇敢保卫国君、和入侵者战斗，反而凭借勇力来欺侮别人，进行私人间的争斗；天资聪明的人，不利用他的明察来策划政治的措施，反而凭借智谋来从事奸邪的事，作假骗人；容貌美好的人，不利用他的威仪统率朝廷官吏、治理人民，反而用它来诱惑女子，放纵情欲。这五种人，可说是士人中丧失了其美好禀赋的人。”

318. 动则三思，虑而后行，重慎出入，以往鉴来。言之若轻，成败甚重。（卷二十六　魏志下）

译文

一举一动都要反复思考后再行动，出入都要慎重（不放纵个人喜好），用过去的历史教训作为将来的借鉴。这些话说起来好像很轻松，但对于事业成败影响却很重大。

319. 览往事之成败，察将来之吉凶，未有干名①要②利，欲而不厌③，而能保世④持家⑤，永全福禄者也。（卷二十六　魏志下）

注释

①干名：求取名位。干，求。

②要 yāo：求取。

③厌：通“餍”，满足。

④保世：谓保持爵禄、宗族或王朝的世代相传。

⑤持家：保持家业。

译文

观察往事的成败，考察将来的吉凶，还没有追名逐利，贪婪而不知满足，却能保持家道世代相传并长久享有福禄的人。

320. 周公曰：“吾闻之于政也，知善不行者则谓之狂，知恶不改者则谓之惑。夫狂与惑者，圣王之戒也。”（卷三十一　鬻子）

译文

周公说：“我听说关于为政方面的事，知道是好事而不施行的叫作狂，知道是恶行而不改正的叫作惑。狂与惑是圣王所戒除的。”

321. 昔桀纣灭由妖妇，幽厉乱在嬖妾[1]。先帝览[2]之，以为身戒，故左右不置淫邪之色，后房无旷积之女。（卷二十八　吴志下）

注释

①嬖妾：爱妾。

②览：《三国志》通行本作“鉴”。

译文

从前夏桀、商纣的灭亡是由于迷恋妖艳的妇人，周幽王、周厉王时发生动乱，是因为宠幸爱妾。先帝吸取这些教训，以此作为自身的借鉴，所以身边不安置淫邪的美色，后宫没有积聚多余的女子。

322. 天下有三危：少德而多宠，一危也；材下而位高，二危也；身无大功而有厚禄，三危也。（卷四十一　淮南子）

译文

天下有三种危险情况：缺少德行却备受尊宠，是第一种危险；才能低下却地位高贵，是第二种危险；自身没有大功却享有优厚俸禄，是第三种危险。

323. 夫与死人同病者，不可生也；与亡国同行者，不可存也。岂虚言哉？何以知人且病？以其

不嗜食也。何以知国之将乱？以其不嗜贤也。（卷四十四　潜夫论）

译文

与死人患同一种病的人，不能活下来；与亡国之君行为相同的君主，其国家也不能长存。这难道是空话吗？怎么知道人将要生病呢？通过他不爱吃饭就可知晓。怎么知道国家将会动乱呢？通过君主不爱贤才就能看出。

324. 国得百姓之力①者富，得百姓之死②者强，得百姓之誉者荣。三得（三得旧皆作三德，改之。）者具，而天下归之；三得者亡，而天下去之。（卷三十八　孙卿子）

注释

①力：勤，尽力。

②死：谓为某事或某人而牺牲性命。

译文

国家若能得到百姓的效力就会富足，若能得到百姓拼命效死就会强盛，若能得到百姓的称誉就会荣耀。三者具备，那么天下的人民都将归顺；三者无一，那么天下的人民就会背离。

325. 为雕文刻镂，技巧华饰，以伤农事，王者必禁之。（卷三十一　六韬）

译文

在器物上刻镂花纹图案、追求精巧的技能和华丽的装饰，而妨害农业，圣明的君主一定会严加禁止。

五　应事

326. 凡人之道，心欲小，志欲大，智欲圆，行欲方，能欲多，事欲少。（卷三十五　文子）

译文

大凡一个人的处世之道，内心要谨慎，志向要宏大，智虑要周到通达，行为要方正不苟，能力要多，事务要少。

327. 溺者不问隧①，迷者不问路。譬之犹临难而遽②铸兵，噎而遽掘井，虽速亦无及。（卷三十三　晏子）

注释

①隧：路，指涉水之路。

②遽 jù：仓促，匆忙。

译文

被水淹的人事先没有探明涉水的路线，迷途的人事先没有问路。这就好比面临外敌入侵的危难时，才急急忙忙铸造兵器，吃饭噎着以后才急急忙忙去挖井，即使很快，也来不及了。

328. 故举重越高者，不慢于药；爱赤子者，不慢于保；绝险[①]历远者，不慢于御。此得助则成，释助则废矣。（卷三十七　慎子）

注释

①绝险：越过险阻。

译文

托负重物跨越高处的人，一定不敢忽视药物；疼爱婴儿的人，一定不敢怠慢保姆；越过险阻游历远方的人，一定不敢怠慢驾驭车马的人。这是因为得到帮助才能成功，失去帮助就会失败。

329. 圣人居高处上，则以仁义为巢[①]；乘危履倾，则以圣贤为杖。故高而不坠，危而不仆[②]。（卷四十　新语）

注释

①巢：居所。

②仆：向前跌倒。

译文

圣人身处高位，就以道德仁义作为自己安身的居所；面临险境危难，就把圣贤之人作为自己依靠的拄杖。所以圣人身居高位不会坠落，身临险境也不会跌倒。

330. 夫圣人之屈者以求申也，枉者以求直也。故虽出邪僻之道，行幽昧之涂，将欲以兴大道成大功，犹出林之中，不得直道，拯溺之人，不得不濡[1]足。（卷四十一　淮南子）

注释

①濡 rú：浸渍，沾湿。

译文

圣人委屈自己，是为了日后道义的伸展；暂时的弯曲，是追求日后的挺直。所以他虽然从邪僻不直的道路上出发，而走在昏暗不明的路上，是要由此振兴大道、成就大业，就好比要走出丛林就不可能只走笔直的道路，要拯救溺水的人就不能不沾湿双脚一样。

331. 地广而不德者国危，兵强而凌敌者身亡。虎兕[①]相搏，而蝼蚁得志；两敌相机，而匹夫乘闲。是以圣王见利虑害，见远存近。（卷四十二　盐铁论）

注释

①兕 sì：古代兽名。一说兕就是雌犀。

译文

土地广阔而不实行德政，国家就会有危险；兵力强大而侵犯他国，自身就会灭亡。猛虎和兕相互搏斗，蝼蛄和蚂蚁就会得志；两个对手相互抗争，平庸之辈就会有机可乘。因此，圣明的君主，看到有利的一面，还会考虑有害的一面；既会考虑未来，也会注意眼前的形势。

332. 服一彩[①]，则念女功之劳；御[②]一谷，则恤农夫之勤；决不听之狱[③]，则惧刑之不中；进一士之爵，则恐官之失贤；赏毫氂之善，必有所劝[④]；罚纤芥之恶，必有所沮[⑤]。（卷四十七　政要论）

注释

①彩：光色；花纹。

②御：进食；食用。

③不听之狱：没有定罪的案子。不听，不定罪。

④劝：勉励。

⑤沮：阻止；终止。

译文

穿上一件彩服，就想到织女的辛劳；吃一粒米，就体恤农夫劳作的不易；判决一件还没有定罪的案子，就担心用刑是否适当；晋升一个爵位，就思考自己是否用人失贤；对一个极小善举的赏赐，一定要能起到劝勉人们向善的作用；对一个极微恶行进行处罚，也一定要起到警戒世人不敢作恶的功效。

六　慎始终

333. 事者难成而易败也，名者难立而易废也。千里之堤，以蝼蚁之穴漏；百寻[①]之屋，以突[②]隙之烟焚。突，灶突也。（卷四十一　淮南子）

注释

①百寻：形容极高或极长。寻，古制八尺为一寻。

②突：烟囱。

译文

事情不易成就却容易失败，名声不易树立却容易摧毁。千里大堤，会因蝼蚁之穴而发生渗漏；百寻高楼，会因烟囱缝隙冒出的火星而焚毁。

334. 慎厥终，惟其始。靡不有初，鲜克有终。故戒慎终如其始也。殖[①]有礼，覆昏暴。有礼者封殖之。昏暴者覆亡之。钦[②]崇天道，永保天命。王者如此上事。则敬天安命之道也。（卷二　尚书）

注释

①殖：树立。引申为扶植势力；培养人才。

②钦：敬。

译文

慎重地结束一件事要如开始时一样战战兢兢。对符合礼义的事情大为扶持，对昏乱凶恶的事要严惩禁绝。敬奉上天的意志，才可永保上天赋予的使命。

335. 无安厥位，惟危。言当常自危惧。以保其位也。慎终于始。于始虑终。于终虑始。（卷二　尚书）

译文

不要自安于天子之位，要想到其危险。慎重地考虑到后果，从开头就要小心谨慎做起啊！

336. 能长保国者，能终善者也。诸侯并立，能终善者为长；列士并立，能终善者为师。（卷三十三　晏子）

译文

能够保持国家长久者，是能自始至终行善政的人。诸侯并立于世，自始至终能行善政者可为首领；众多士人并立于朝，自始至终能行善事者可以为师。

337. 劳谦君子，有终，吉。劳谦匪懈。是以吉也。（卷一　周易）

译文

有功劳而且懂得谦虚的君子，能够保持谦德全终，凡事都会吉利。

七　养生

338. 目之所好，不可从也；耳之所乐，不可不慎（本书不慎作顺一字）也；鼻之所喜，不可任也；口之所嗜，不可随也；心之所欲，不可恣也。故惑目者，必逸容[①]鲜藻[②]也；惑耳者，必妍音淫声也；惑鼻者，必芷蕙[③]芬馥[④]也；惑口者，必珍羞[⑤]嘉旨[⑥]也；惑心者，必势利功名也。五者毕惑，则或承之祸，为身患者，不亦信哉？是以其抑情也，剧乎堤防之备决；其御性也，过乎腐辔[⑦]之乘奔。故能内保永年，外免亹[⑧]累也。（卷五十　抱朴子）

注释

①逸容：犹美貌。

②鲜藻：华丽的装饰。

③芷蕙：皆香草名。《抱朴子》通行本作“茝蕙”，茝亦香草名。

④芬馥：香气浓郁。

⑤珍羞：亦作“珍馐”，珍美的肴馔。

⑥嘉旨：指美酒佳肴。

⑦辔 pèi：驾驭马的缰绳。

⑧衅 xìn：罪过；过失。

译文

眼所喜欢看的，不可依从；耳所喜欢听的，不可顺应；鼻所喜欢闻的，不可放任；口所喜欢吃的，不可随顺；心所贪求的，不可恣意放肆。所以迷惑眼睛的，必是美貌华饰；迷惑耳朵的，必是艳歌俗曲、靡靡之音；迷惑鼻子的，必是芬芳馥郁的香味；迷惑口舌的，必是珍馐佳肴；迷惑心灵的，必是权势利禄与功名。五者全都被迷惑，就可能要遭遇灾祸、危害生命，这不是确信无疑的吗？因此他们抑制自己的欲望，比预防堤防崩溃还更认真严肃；他们制约自己的秉性，比用腐朽的绳索套着奔马还更小心翼翼。所以内则能保持长寿，外则免除世上的祸患。

339. 夫酒醴之近味，生病之毒物，无豪锋之细益，有丘山之巨损。（卷五十　抱朴子）

译文

酒类近似于美味，却是致病的毒药，无丝毫的好处，却有像山一样大的损害。

陆 明辨

一　邪正

340. 夫邪正之人，不宜共国[①]，亦犹冰炭不可同器。（卷二十三　后汉书三）

注释

①共国：同治国事。

译文

邪恶与正义的人，是不适合共理国事的，就好比冰和炭不能放在同一个容器中一样。

341. 君子非义（义前有仁字，下同）无以生，失义则失其所以生；小人非嗜欲无以活，失嗜欲则失其所以活。故君子惧失义，小人惧失利。观其所惧，知居（居作各）殊矣。（卷四十一　淮南子）

译文

君子若没有仁义就不能生存，失去仁义就等于失去生存的基础；小人若不追求感官上的享受就不能生活，失掉感官享受也就失去了他生活的依托。所以君子担心失去仁义，而小人害怕失去利益。观察他们所担心的，就能看出君子与小人的不同。

二 人情

342. 自古有国有家者，咸欲修德政以比隆[1]盛世，至于其治，多不馨香。非无忠臣贤佐，暗于治体[2]也，由主不胜[3]其情，弗能用耳。夫人情惮难而趣[4]易，好同而恶异，与治道相反。（卷二十七　吴志上）

注释

①比隆：同等兴盛。

②治体：治国的纲领、要旨。

③不胜：制伏不住。

④趣：趋向，归向。

译文

自古以来有国的诸侯、有家的卿大夫，都想实施德政来达到与古代盛世同样的兴盛，但是他们治理的成果，大多都不美好。这不是因为没有忠诚贤明的辅臣，以及不懂得治国的要领，而是由于君主不能克制自己的私情，不能任用忠臣及遵从治国正道。人之常情总是害怕困难而趋向容易，喜好别人赞同而厌恶异议，这与治国之道刚好相反。

343. 夫小臣之欲忠其主也，知爱之而不能去其嫉妒之心，又安能敬有道，为己愿稷契之佐哉。（卷四十七　刘廙政论）

译文

那些小臣们想效忠他的君主，只知道偏爱君主，而不能去掉自己的嫉妒心理，又怎能恭敬有德有才之人，愿意自己成为稷、契这样的辅佐之臣呢？

三 才德

344. 释道而任智者必危，弃数[1]而用材者必困。（卷四十一 淮南子）

注释

①数：道理；规律。

译文

放弃大道而单凭自己的聪明行事一定会很危险，抛弃常理而任用才能必然会陷于困境。

345. 弓调而后求劲焉，马服而后求良焉，士必悫[1]而后求智能焉。不悫而多能，譬之豺狼，不可迩也。迩，近也。言人无智能者，虽不悫信，不能为大恶也，不悫信而有智能者，然后乃可畏也。（卷十 孔子家语）

注释

①悫 què：恭敬谨慎；朴实忠厚。

译文

弓调好后才能进一步要求它有劲，马驯服后才能要求它成为良马，读书人一定要恭谨朴实，然后才要求他聪明能干。不恭谨忠厚而又多才多能，就像豺狼一样，不可以接近。

四　朋党

346. 夫乘权席[1]势之人，子弟鳞集[2]于朝，羽翼阴附者众。毁誉将必用，以终乖离之咎。（卷十五　汉书三）

注释

①席：凭借；倚仗。

②鳞集：群集。

译文

那些倚仗权势的人，他们的子弟群集于朝廷，左右党羽和私下依附的人非常之多。他们必定使用诋毁和赞誉的手段，最终因背离正道产生灾祸。

347. 若不笃于至行，而背本逐末，以陷浮华焉，以成朋党焉。浮华则有虚伪之累，朋党[1]则有彼此之患。（卷二十六　魏志下）

注释

①朋党：同类的人相互集结成党派，排除异己。

译文

如果不专注于培养高尚的品行，而背离为人的根本（孝敬仁义），追逐枝末（功名富贵），就会陷入浮华虚荣，就会结帮成伙。追求浮华就会受虚伪所累（而内心空虚不安），结成团伙则会有彼此牵连的祸患。

五 辨物

348. 知人者智，能知人好恶是智。自知者明。人能自知贤不肖，是为反听无声，内视无形，故为明也。胜人者有力，能胜人者，不过以威力也。自胜者强。人能自胜己情欲，则天下无有能与己争者，故为强也。知足者富，人能知之为（无之为二字）足，则保福禄，故为富也。强行①者则有志。人能强力行善，则为有意于道。不失其所者久，人能自节养，不失其所（所下有受天二字），则可以久也。死而不妄者寿。目不妄视，耳不妄听，口不妄语，则无怨恶于天下，故长寿也。（卷三十四 老子）

注释

①强行：勤勉力行。

译文

能够了解别人是有智慧，能够了解自己才算明白。能够战胜别人是有力量，能够战胜自己的欲望、习气才算强大。知足就是真正的富有，努力行善就是有志。所作所为不离开自己本性的才能持久，身死而精神长存的才是真正的长寿。

349. 耳不听五声[①]之和为聋，目不别五色[②]之章[③]为昧，心不则德义之经为顽，口不道忠信之言为嚚[④]。（卷四　春秋左氏传上）

注释

①五声：指宫、商、角、徵、羽五音。

②五色：青、赤、白、黑、黄五种颜色。古代以此五者为正色。

③章：彩色；花纹。

④嚚 yín：奸诈。

译文

耳朵听不清五声的唱和是听觉失灵，眼睛辨不明五色的花纹是视觉模糊，心里不效法德义的准则是顽劣，嘴里不说忠信的话是奸诈。

350. 所谓为善者，静而无为也；所谓为不善者，躁而多欲也。（卷四十一　淮南子）

译文

所谓为善，就是心神宁静，（顺应内在的善良本性和外在的发展形势）不任意妄为；所谓为不善，就是浮躁而多欲。

351. 有见人之私欲，必以正道矫之者，正人之徒也；违正而从之者，佞人之徒也。自察其心，斯知佞正之分矣。（卷四十九　傅子）

译文

看到别人有私欲，就用正确的思想去矫正的人，是正直之人；违背正直之道而顺从对方私欲者，是奸佞之徒。（君主）自己审察他们的内心，就知道佞人和正人的区别了。

352. 夫物之相类者，世主之所乱惑也；嫌疑[1]肖象者，众人之所眩耀[2]也。故狠[3]者类智，而非智也；狠，慢也。愚者类君子（君子作仁一字下同），而非君子也；戆[4]者类勇，而非勇也。（卷四十一　淮南子）

注释

①嫌疑：疑惑难辨的事理。

②眩耀：迷惑；迷乱。

③狠：当作“狙”，本字为“怚”，骄傲。

④戆 zhuàng：急躁而刚直。

译文

彼此相似的事物，君王常被迷惑；彼此相像难以辨别的现象，大众常被迷乱。所以傲慢自恃的人看似有智慧，实际上不算智慧（而是独断）；愚钝的人看似宽厚仁慈，而实际上那不是仁慈（而是懦弱）；急躁刚直的人看似勇敢，而实际上那不是勇敢（而是鲁莽）。

353. 使人大迷惑者，必物之相似者也。玉人[①]之所患，患石之似玉者；贤主之所患，患人博闻辩言而似通者。通，达。亡国之主似智，亡国之臣似忠。似之物，此愚者之所大惑，而圣人之所加虑也。思则知之。（卷三十九　吕氏春秋）

注释

①玉人：雕琢玉器的工人。

译文

使人深受迷惑的，一定是相似的事物。玉匠所担心的，是与玉相似的石块；贤明的君主所担心的，是那些表面上见闻广博、能言善辩，很像是通达治国之道的人。使国家败亡的君主看似聪慧，使国家败亡的臣子看似忠诚。这些相似的事物，是愚者十分迷惑的，却是圣人多加思虑的。

354. 夫美（美疑业）大者深而难明，利长者不可以仓卒[①]形[②]也，故难明长利之事废于世。（卷四十七　刘廙政论）

注释

①仓卒：亦作"仓猝"，匆忙急迫，此处指短时间内。

②形：流露；显示。

译文

真正美好的谋略因为道理太深而难以阐明，真正长远的利益很难在短时间内显现，所以难于阐明而有长远利益的事往往就被世人废弃了。

355. 吾观其吏，暴虐残贼，败法乱刑而上下不觉，此亡国之时也。夫上好货[①]，群臣好得，而贤者逃伏[②]，其乱至矣。（卷三十一　六韬）

注释

①好货：贪爱财物。货，财物，金钱珠玉布帛的总称。

②逃伏：逃亡隐匿。

译文

我观察他的官吏，凶狠残忍，败坏法纪，乱施刑罚，而君臣上下还执迷不悟，这是该亡国的时候了。君主贪爱财物，群臣贪得利益，而贤者纷纷逃避隐藏，国家的混乱已经到了。

六 因果

356. 山致其高，而云雨起焉。水致其深，而蛟龙生焉。君子致其道，而德泽流焉。夫有阴德[①]者，必有阳报[②]。有隐行[③]者，必有昭名。（卷三十五 文子）

注释

①阴德：暗中做的有德于人的事。

②阳报：显明的报应。

③隐行：犹阴德，谓不为人知的美行。

译文

山达到了一定的高度，就会兴起云雨。水达到了一定的深度，就会有蛟龙出没。君子达到了高尚的道德修养，其仁德恩惠就会流布四方。暗中施恩于人的人，一定会得到明显的回报。有人所不知的高尚品行的人，日后一定会有显著的名声。

357. 盖德厚者报美，怨大者祸深。故曰，德莫

大于仁，而祸莫大于刻。（卷四十二　新序）

译文

道德深厚的人一定会获得吉祥美好的回报，与人结怨太多的人，一定会招来深重的祸患。所以说，没有比仁慈更大的美德，没有比苛刻更大的祸患。

358. 诗曰："下民之孽[①]，匪降自天。僔遝[②]背憎[③]，职竞[④]由人。"（卷四　春秋左氏传上）

注释

①孽：灾害，灾祸。

②僔遝 zǔntà：谓相聚面语。僔，聚。遝，通"沓"。纷多聚积。

③背憎：谓背地里憎恨。

④职竞：职，只。竞，争。后遂以"职竞"用为专事竞逐之意。

译文

《诗经》上说："百姓遭受的灾难，不是老天降下的。当面说说笑笑，背后憎恨攻击，这完全是人们互相争斗造成的。"

359. 和气致祥，乖气[①]致异。祥多者其国安，异[②]众者其国危。（卷十五　汉书三）

注释

①乖气：邪恶之气；不祥之气。

②异：怪异不祥之事；灾异。

译文

贤臣在位齐心效力的和谐气氛感召吉祥，奸臣当道排挤忠良的不和气氛招致灾异。祥瑞多国家就安定，灾异多国家就危难。

360. 及至后世，淫泆衰微，诸侯背叛，废德教而任刑罚。刑罚不中[①]，则生邪气，邪气积于下，怨恶蓄于上，上下不和，阴阳缪戾[②]，而妖孽[③]生矣。此灾异所缘而起也。（卷十七　汉书五）

注释

①不中：不适合，不适当。

②缪戾：错乱，违背。

③妖孽：指物类反常的现象，不祥之兆。

译文

到了后世，君王恣意逸乐，王道衰败，诸侯背叛，废弃道德教化而任用刑罚。刑罚使用不恰当，就会产生邪恶不良的风气，邪恶风气聚集于下，怨恨憎恶蓄积于上，上下不和，阴阳错乱，那么怪异凶恶的事物或预兆就会产生。这就是天灾人祸发生的原因。

图书在版编目（CIP）数据

群书治要360译注．第二册 / 马来西亚中华文化教育中心译注．—2版．—上海：上海三联书店，2018.9

ISBN 978-7-5426-6357-3

Ⅰ．①群… Ⅱ．①马… Ⅲ．①政书－中国－唐代②《群书治要》－译文③《群书治要》－注释 Ⅳ．①D691.5

中国版本图书馆CIP数据核字（2018）第136058号

群书治要360译注．第二册

译　　注 / 马来西亚中华文化教育中心
责任编辑 / 程　力
特约编辑 / 苏雪莹
装帧设计 / Metis 灵动视线
监　　制 / 姚　军
出版发行 / 上海三联书店
（200030）中国上海市漕溪北路331号A座6楼
邮购电话 / 021-22895540
印　　刷 / 三河市华润印刷有限公司
版　　次 / 2018年9月第2版
印　　次 / 2021年7月第3次印刷
开　　本 / 640×960　1/16
字　　数 / 70千字
印　　张 / 18.5

ISBN 978-7-5426-6357-3/D·392

定　价：24.80元